Polska POLAND

tekst / text by: KATARZYNA SOŁTYK

Polska POLAND

NAJPIĘKNIEJSZE NAJCIEKAWSZE NAJCENNIEJSZE
THE MOST BEAUTIFUL THE MOST INTERESTING THE MOST IMPORTANT

MULTICO OFICYNA WYDAWNICZA

Tekst | Text:
Katarzyna Sołtyk
Zdjęcia | Photos:
Piotr Januszewski,
Artur Pawłowski,
Krystyna i Aleksander Rabijowie,
Katarzyna Sołtyk
oraz / and: **Fotolia** (strona | page 181),
Zdjęcie na okładce | Cover photo:
Katarzyna Sołtyk
Projekt graficzny | Design:
Bartłomiej Szaciłło

MULTICO Oficyna Wydawnicza sp. z o.o.
02-589 Warszawa, ul. Kazimierzowska 14
tel.: 22 564 08 00, faks: 22 564 08 03
e-mail: biuro@multicobooks.pl

Redaktor prowadzący | Editor:
Piotr Wierzbowski
Fotoedycja | Photoedition:
Piotr Wierzbowski
Tłumaczenie | Translation:
Sandra Jacobson,
Zygmunt Nowak-Soliński
Korekta | Proof-reading:
Małgorzata Ruszkowska,
Zygmunt Nowak-Soliński
Obróbka kolorystyczna zdjęć
Photo images colour correction:
Peter Parker
Produkcja | Production:
Jadwiga Szczęsnowicz

ISBN: 978-83-7073-803-7
ISBN wydania z etui: 978-83-7073-898-3

Spis treści

Contents

Wstęp

Polska nie jest wielkim krajem, ale trudno byłoby znaleźć w całej Europie kraj równie różnorodny. Politycy dzielą ją na województwa, powiaty i gminy, ale ich liczba i granice są mało stabilne. Województw było kolejno 14, 17, potem 49. Od 1999 roku jest 16 i trudno powiedzieć, kiedy to się znowu zmieni. Geografowie przez ostatnie dwa stulecia pracowali nad podziałem na krainy fizycznogeograficzne pogrupowane w pasy: pobrzeży, pojezierzy, nizin, wyżyn i gór. Jednak w świadomości Polaków najgłębiej zakorzenił się podział na wielkie regiony historyczne. Ich zasięg i nazwy ukształtowały się już w Polsce piastowskiej i utrwaliły w następnych stuleciach. Pięć głównych krain (Wielkopolska, Mazowsze, Małopolska, Pomorze i Śląsk) przetrwało zawieruchy wojenne, okres zaborów i zmiany granic w XX wieku. Później dołączyły do nich Warmia i Mazury – dawne Prusy, przygraniczne Podlasie i Polesie (to ostatnie często włączane jest do Małopolski), Kujawy balansujące między Wielkopolską a Mazowszem oraz niewielka Ziemia Lubuska, przyklejona od zachodu do Wielkopolski.

Każdy z tych regionów ma inne, charakterystyczne krajobrazy, architektoniczne perły, jedyne w swoim rodzaju turystyczne atrakcje. Każdy ma swoje symbole, jak Chopin, Żelazowa Wola i wierzby na Mazowszu, czy Tatry i Kraków w Małopolsce. Wreszcie każdy może się poszczycić jakimiś „naj", skarbami przyrody i zabytkami wpisanymi na listę UNESCO, czy rekordami, które trafiły do księgi Guinnessa. Wiele z nich rozsławiło nasz kraj na całą Europę, a nawet i świat. A niniejsza książka jest czymś w rodzaju ich subiektywnego wyboru.

Introduction

Poland is not a large country, though third largest in Europe, but it would be difficult to find another European country as diverse in its landscapes and history. Politicians have divided it into Voivodeships, counties and communes but their numbers and boundaries are not very constant. There have been 14, 17 and 49 Voivodeships. In 1999 there were 19 in existence, and there still are, and it is hard to say when that number will change again. Geographers have been working on a physical-geographic division into coasts, lakelands, lowlands, highlands and mountains for the last two centuries. However, it is the division into historical regions that is most deeply embedded in the Polish awareness of their country. These regions and their names were created in the Poland of the Piast dynasty and were fixed over the centuries that followed. The five main lands (Wielkopolska, Mazovia, Małopolska, Pomerania and Silesia) survived the turmoil's of war, the Partitions and the movement of frontiers in the 20th century. Warmia and Masuria – former Prussia, the borderlands of Podlasie and Polesie (the latter is often considered a part of Małopolska), Kuyavia poised between Wielkopolska and Mazovia, and tiny Lubusz Land attached to Wielkopolska from the West, all appeared later.

Each of these regions have different and characteristic landscapes, they have their architectural pearls and one of a kind tourist attractions. Each has its historical symbols and characters such Fryderyk Chopin, Żelazowa Wola and the willows in Mazovia, or the Tatra Mountains and Kraków in Małopolska.

Each boasts some category of 'the best of' natural treasures and historical sites from the UNESCO World Heritage list, or records mentioned in the Guinness Book of Records. Many of them have rendered our country famous in Europe and the world. This book of texts and photographs are a subjective selection of 'the Best of Poland'.

Fontanna Neptuna jest symbolem Gdańska i całego Pomorza.

Neptune's Fountain is a symbol representing Gdańsk and Pomerania.

Pomorze

Największym skarbem Pomorza jest bez wątpienia wybrzeże Bałtyku. Rozłożone wzdłuż niego miejscowości pod wieloma względami przewyższają nawet śródziemnomorskie kurorty. Zamiast stali i betonu nad pięknymi, szerokimi i piaszczystymi plażami mamy wydmy i sosnowe lasy, zamiast hotelowych drapaczy chmur – kameralne pensjonaty.

Ponad pięćset kilometrów wybrzeża to nieustająca walka dwóch żywiołów: ziemi i wody. Wzburzone podczas sztormów morze pożera kolejne skrawki stałego lądu. W sposób najbardziej spektakularny widać to w Trzęsaczu, gdzie stoi ostatni zachowany fragment jedynej w kraju „wędrującej" świątyni. W XV wieku, kiedy kościół budowano, stał 2 km od brzegu morskiego. Dzisiaj pozostała już tylko jedna ściana, stercząca ponad wysokim klifem, niepewna swojej przyszłości, bo urwisko wciąż się cofa. Najwyższy, liczący 70 m klif znajduje się na największej z polskich wysp: Wolinie (265 km²).

Niewiele jest miejsc takich jak w Świnoujściu, gdzie lądu przybywa, a piaszczysta plaża z roku na rok staje się coraz szersza. Miejscami ma już 100 m – najwięcej na naszym wybrzeżu. Dzieje się tak za sprawą najdłuższego w kraju falochronu liczącego 1400 m. Ten zaś stoi nieopodal bezkonkurencyjnej pod względem wysokości (68 m) latarni morskiej. Jej światło widać z odległości 25 mil morskich. Na przeciwległym krańcu wybrzeża, na najdłuższym polskim półwyspie stoi równie słynna, choć nieco niższa latarnia helska. Mierzeja Helska jest najlepszym przykładem zmagań morza z lądem. Wielokrotnie w swojej burzliwej historii była na przemian zatapiana i odbudowywana. Na mapach z XVII i XVIII wieku na jej miejscu widać sześć wysp, ostatni raz woda wdarła się na ląd, przerywając ciągłość półwyspu, w 1983 roku. Inne mierzeje dawno już odcięły zatoki morskie od pełnego morza, zamieniając je w jeziora: Gardno, Łebsko czy Jamno, wśród których Łebsko jest największym jeziorem przybrzeżnym o powierzchni 7142 ha. Mierzeja Wiślana jest znana z największej europejskiej ostoi kormoranów. W starym lesie sosnowym (między Kątami a Sztutowem) na wierzchołkach drzew w ponad 700 gniazdach żyje około 18 tys. ptaków tego gatunku.

Jednak największym przyrodniczym skarbem wybrzeża jest wpisany na listę Rezerwatów Biosfery UNESCO Słowiński Park Narodowy. To jedyne takie miejsce w Europie, gdzie obok siebie są wydmy (w tym wędrujące, przemieszczające się z prędkością 2-10 m na rok), jeziora, torfowiska, lasy, no i morze oczywiście. Najwyższa niezalesiona wydma – Łącka Góra – mierzy 42 m n.p.m. Najwyższa ze wszystkich wydm (zalesiona) jest zaś Wydma Czołpińska, której wierzchołek wznosi się 56 m n.p.m.

Szczecin, stolica Pomorza Zachodniego, to jedyne polskie miasto, którego układ urbanistyczny wzorowany był na Paryżu. Stąd w centrum place, z których gwiaździście, we wszystkich kierunkach rozchodzą się szerokie aleje, często ocienione platanami. W mieście znajduje się ich największe skupisko w Polsce. Około 200 drzew tego gatunku rośnie na jednym tylko placu Jasne Błonie. W stolicy Pomorza Zachodniego jest też najstarsze działające kino w Polsce – Pionier, do niedawna figurujące w księdze Guinnessa (zanim zostało zdetronizowane przez o rok starsze – z 1908 roku – kino duńskie).

Jeszcze więcej rekordów odnotowuje się w Gdańsku, stolicy Pomorza Wschodniego. Należą do nich najdłuższe w Polsce schody liczące 408 stopni, wspinające się na wieżę kościoła Mariackiego. Sama bazylika do niedawna (do czasu zbudowania tej w Licheniu) była największym polskim kościołem. Wciąż jednak piastuje pierwsze miejsce w Europie jako największa gotycka świątynia zbudowana z cegły. W najstarszym gdańskim kościele św. Katarzyny znajduje się najpotężniejszy w kraju, ważący 14 ton instrument – carillon (przypomina organy, lecz zamiast piszczałek ma dzwony). Nad Motławą pochyla się najstarszy dźwig w Europie. Żuraw, bo o nim mowa, działał od XIII do drugiej połowy XIX wieku, podnosząc dwutonowe ładunki (beczki z winem, worki pszenicy, głazy), a także wyciągając na brzeg statki wymagające napraw. W Dworze Artusa stoi najwyższy piec nie tylko w Polsce czy Europie, ale i na świecie. Renesansowy kolos ma prawie 11 m wysokości i jest zbudowany z ponad 500 kafli. Całe Stare Miasto słynie zaś z największego targowiska, czyli Jarmarku Dominikańskiego odbywającego się latem. Nawet niechlubne, socjalistyczne czasy pozostawiły po sobie pamiątkę w postaci najdłuższego bloku w Polsce. Nazywa się go falowcem, bo wygięty jest niczym morska fala, ma około 850 m długości, 16 klatek i pojemność miasteczka.

Sopot, który od kilku lat przechodzi głęboki lifting, wkrótce będzie mógł się poszczycić najpiękniejszą nadmorską panoramą. Na razie ma najpiękniejszy, a przy tym najdłuższy w Europie drewniany pomost liczący 511,5 m. Po raz pierwszy molo stanęło w 1827 roku, choć wtedy miało zaledwie 36 m długości, 1,5 m szerokości i rozbierano je przed każdą zimą. Na wiosnę stawiano kolejne, coraz dłuższe i szersze. Na stałe zbudowano je dopiero w 1927 roku. W tym samym roku ukończono budowę słynnego Grand Hotelu, symbolu luksusu, elegancji i wielkich pieniędzy trwonionych w miejscowym kasynie. Dzisiaj jest to ciągle największy hotel leżący przy samej plaży. Przedłużeniem mola jest najmodniejszy (obok Krupówek) deptak Polski – Monciak, czyli ulica Bohaterów Monte Cassino. Od 2003 roku stoi przy niej niezwykły, roztańczony budynek. Krzywy Domek, nazywany też pijanym domkiem, to wciśnięta między stare kamienice, nowoczesna, zwariowana i pokrzywiona budowla w stylu Gaudiego.

Nie wszyscy rekordziści Pomorza leżą tuż nad morzem. Toruń, a konkretnie katedra św. Jana Chrzciciela i św. Jana Ewangelisty, ma największy średniowieczny dzwon w Polsce. Zawieszony w 1500 roku Tuba Dei waży prawie 7,5 tony i ma średnicę 2,27 m. Największy głaz narzutowy Trygław został porzucony przez lądolód w okolicach dzisiejszego Tuchowa Wielkiego na Pomorzu Środkowym. Ta potężna skała ma 44 m w obwodzie, 3,8 m wysokości nad ziemią i drugie tyle (a dokładnie 4 m) pod powierzchnią ziemi oraz około 700 m³ objętości. Dziełem lądolodu jest też Wieżyca, najwyższa morena. Wzgórze leży w Kaszubskim Parku Krajobrazowym, ma 170 m wysokości, a jego szczyt sięga 328,6 m n.p.m. Spośród 20 polskich kryptodepresji (najniżej położone punkty zalane wodą) najgłębsza, sięgająca 29,7 m p.p.m.

jest na dnie jeziora Miedwie. Bory Tucholskie (największy obszar leśny – 261 tys. ha) też zawdzięczają swoje istnienie lodowcowi. To dzięki usypanym przez niego wielkim połaciom jałowego piachu, który nie nadaje się do uprawy, za to jest doskonałym podłożem dla borów sosnowych.

Cedynia to najdalej na zachód wysunięte miasto w Polsce. Wsławiło się w 972 roku bitwą zakończoną zwycięstwem wojsk Mieszka I nad wojskami niemieckimi. Na przeciwnym krańcu regionu wznosi się potężny Malbork i nieco mniejszy Kwidzyn. Pierwszy z nich jest największą ceglaną fortecą w Europie, ukrywającą wśród swoich wnętrz największą salę balową Starego Kontynentu – Wielki Refektarz. Drugi zaś może się poszczycić najdłuższą na świecie zamkową latryną. Tradycyjna wieża ustępowa budowana w średniowiecznych twierdzach została połączona z zamkiem długim gankiem wspartym na pięciu wysokich arkadach. Wyszedł z tego okazały, 55-metrowy krużganek, którego nie powstydziłby się żaden pałac.

Nieco dalej na północ leży niewielka kraina zwana Żuławami Wiślanymi, znana jako największa w Polsce depresja (181 km²) z najniżej położonym punktem (1,8 m pod poziomem morza) w Raczkach Elbląskich i najniżej położonym jeziorem Druzno (0,1 m n.p.m.). Pośrodku wije się rzeka Brda, na której już w 1848 roku wybudowano zbiornik Mylof – dzisiaj najstarszy sztuczny zbiornik w kraju. Ale najcenniejszym pomorskim rekordzistą jest Pelplin z bazyliką Wniebowzięcia NMP. W jej wnętrzach kryje się najwyższy (26 m) drewniany ołtarz w Polsce i Europie Środkowej, XVII-wieczne organy, jeden z najcenniejszych zabytków muzycznych w Europie, oraz jedyny w Polsce i jeden z 48 światowych egzemplarzy Biblii Gutenberga – pierwszej drukowanej książki. Nasz jest unikatowy, bo ma skazę (plamka na 46. stronie I tomu), dlatego uchodzi za najcenniejszą drukowaną książkę świata. Jeden z egzemplarzy Biblii Gutenberga został kupiony w 1987 roku na aukcji za 5,4 mln dolarów. Nigdy wcześniej ani później nie zapłacono takiej sumy za drukowaną książkę. Trudno nawet szacować, jak bajońską cenę mógłby osiągnąć starodruk znajdujący się w posiadaniu pelplińskiej parafii.

Pomerania

The Baltic coast is undoubtedly the part of the province that Pomerania treasures the most. Some of the towns might be compared with resorts along the Mediterranean coast. The Polish coastline is an exceptional region where in the place of steel and concrete there are sand dunes and pine forests on vast sandy beaches and instead of skyscraper hotels there are inviting guesthouses.

Over five hundred kilometers of coastline are a ceaseless confrontation between two elements: earth and water. The sea stirred up by storms 'devours' chunks of the land. The most spectacular results of this clash can be seen in Trzęsacz, where the last remaining fragment of the only 'drifting temple' in Poland can be found. When it was built in the 15th century the church was 2 km from the shore line. Today only one wall remains, perched on the edges of a steep cliff and certain of its not too distant future as the precipice continues to grow. The highest cliff face, some 70 m, is located on the largest Polish island of Wolin (265 km²).

Very few cliffs exist around Świnoujście, where this stretch of land is extending and the sandy beach is becoming wider every year – up to 100 m in some places with most of the beach on the Polish shoreline (the consequence of a 1,400 m long breakwater). A 68 m high lighthouse is located near the beach. Its light can be seen from a distance of 25 nautical miles. Further east, on the longest Polish peninsula is the equally well-known, although not so high, Hel Lighthouse. The Hel Peninsula is the best example of the struggle between the sea and the land. It has been inundated and recovered countless of times in its history. On 17th and 18th century maps there are six islands in the place of today's peninsula and during the most recent climatic events in 1983 the sea rose again and 'captured' parts of the peninsula. Other spit shore lines have long ago surrendered to the relentless sea and created bays turning them into lakes: Gardno, Łebsko and Jamno and Łebsko which is the principal coastline lake with a total surface area of 7,142 ha. The Vistula Spit is known for its cormorant refuge, the most important in Europe. More than 18,000 cormorants of this species (Phalacrocorax carbo sinensis) live in over 700 nests in the tree tops of the old pine forest (between Kąty and Sztutowo).

Słowiński National Park (placed on the UNESCO list of biosphere reserves) is the largest natural jewel on this part of the coastline. It is unique to Europe where sand dunes (including quicksand moving with the speed of 2-10 m per year), lakes, marshes, forests and of course the sea can be seen in such close proximity. The highest sand dune not covered with trees – the Łącka Góra is 42 m above sea level. The highest of all the dunes (afforested) is the Wydma Czołpińska, with a peak 56 m above sea level.

Szczecin, the capital of West Pomerania, is the only Polish city whose architectural plan was modeled on that of Paris (French architect, Haussmann). Hence the squares in the centre of the city, with boulevards radiating in all directions shaded by platen trees. The largest area of platen trees in Poland can be found in this city. Jasne Błonie Square contains 200 trees of this species. The capital of West Pomerania is also proud of its oldest, continually functioning, cinema theatre in the world – *Pionier*, recently mentioned in the Guinness Book of Records (before it was replaced by a one year older Danish cinema theatre – dating back to 1908!).

Even more records are held by Gdańsk, the capital of East Pomerania. One of them is the longest stairway in Poland with 408 steps leading to the tower in the Mariacki Church. The Basilica until recently (before the shrine in Licheń was built) was the largest church in Poland. However, it is still at first place as the largest Gothic red-brick church in Europe. The oldest church in Gdańsk – Saint Catherine's has the heaviest instrument in Poland – the 14 ton carillon (similar to a church organ but with bells instead of pipes). The oldest medieval port crane in Europe bends its massive head over the Motława River. The crane was in operation from the 13th century up to the second half of the 19th century lifting two-ton loads (wine barrels, bags of barley or construction stone work) as well as pulling ships onto the banks of the river for repairs. The tallest heating stove, not only in Poland but also in Europe, is in the Artus Manor. This Renaissance giant is almost 11 m high and is made from over 500 tiles. The Old Town in its entirety is famous for the largest market in Poland, the Dominican Fair held in the summer. Even those inglorious socialist times have left a souvenir – the longest apartment building in Europe. It is called 'the wave' because it is curved much like a wave on the sea. It is approximately 850 m long, has 16 entrances and the population of a small town.

Sopot has been undergoing an extensive 'face lift' for a few years now and will soon be able to boast the most beautiful coastal panorama. At present it has a splendid and the longest wooden pier in Europe – 511.5 m. The Molo was first built in 1827, at that time it was only 36 m long and 1.5 m wide and was dismantled before the winter season began. Each spring another one, longer and wider, was put up. A permanent pier was finally built in 1927. In that same year the construction of the famous Grand Hotel, a symbol of luxury, elegance and the spending of large amounts of money in the local casino, was also completed.

Today it is still the largest hotel on the beach. The pier is prolonged onto the most fashionable (next to Krupówki in Zakopane) promenade in Poland – Monciak or the Heroes of Monte Cassino Street. An unusual 'dancing' building has been standing on this street since 2003. The Crooked House, also called the 'drunken house' is a modern, crazy and twisted building in Gaudi style squeezed in between old tenements.

Not all Pomeranian places of interest and holders of specific records are located on the coast. In Toruń the Saint John the Baptist and Saint John the Evangelist Cathedral has the largest medieval bell in Poland. The Tuba Dei placed here in 1,500 weighs almost 7.5 tons and has a circumference of 2.27 m. The largest glacial erratic, (the Trygław erratic boulder), was left here by the receding ice mass in the area of today's Tuchów Wielki in Central Pomerania. This massive rock, with a total of approximately 700 m³ in volume, is 44 m in circumference, it protrudes 3.8 m above the ground and its other half is hidden below ground. Wieżyca, the highest moraine was also created by the ice mass. This hill is located in the Kashubia Landscape Park and is 170 m high and its peak is 328.6 m above sea level. Among Poland's 20 crypto-depressions (the lowest point covered with water) the deepest one reaches 29.7 m below sea level on the bed of Miedwie Lake. The Tuchola Forest (the largest afforested area – 261,000 ha) also owes its existence to the effects of glaciation. Here, left by the receding glaciers, these vast zones of barren sand which are not suitable for agriculture are the perfect ground for pine forests.

Cedynia is the most westerly town in Poland. It has become known for the battle and victory of King Mieszko I in 972 over a 'Germanic' army. The mighty Malbork and slightly smaller Kwidzyn dominate the eastern part of this region. Malbork is the largest red-brick fortress in Europe with inside the biggest Ballroom – the Great Refectory – in Europe. Kwidzyn has the longest castle latrine in the world. This toilet tower built in medieval castles is joined here with the castle by a long covered terrace supported on five high arcades. It has become an impressive, 55-m-long cloister which would not shame any palace.

A little further to the north is a region, the Vistula Zulawy, known for the largest geological depression in Poland (181 km²) with the lowest point at 1.8 m below sea level in Raczki Elbląskie and the lowest lake, Druzno (0.1 m a.s.l.) The Brda River winds through this catchment area. The Mylof dam reservoir – the oldest in Poland – was built in 1848. The most important holder of any record in Pomerania is the town of Pelplin with the Basilica of the Assumption of the Virgin Mary. Its interior contains the highest (26 m) wooden altar in Poland and Central Europe and 17th-century organs. It is one of the prime musical historical sites in Europe. The Dioceses Museum in Peplin has a copy of the first printed book, the Gutenberg Bible, one of 48 in the world. The Polish copy is unique – it has a flaw (a spot on the 46th page in the 1st volume). Scholars consider it the most valued of printed books in the world. A Gutenberg Bible was purchased at an auction in 1987 for 5.4 million dollars. A printed book had never been sold for this price before, or after. It is hard to estimate the value and price of the Peplin Gutenberg Bible should it ever be put on sale.

Klif w Orłowie najlepiej prezentuje się od strony molo.

The cliff in Orłowo looks its best from the side of the pier.

Szeroka, czysta i bezludna plaża w Stilo uchodzi za jedną z najpiękniejszych na polskim wybrzeżu.

This vast, unspoilt and empty beach in Stilo is considered one of the most beautiful on the Polish coast.

Słowiński Park Narodowy to nie tylko wydmy, ale także jeziora przybrzeżne oraz otaczające je bagna i torfowiska.

The Słowiński National Park has sand dunes and coastal lakes surrounded by swamps and marshes.

W okolicy Szczecina, na terenie dzisiejszego Szczecińskiego Parku Krajobrazowego powstawały po wojnie pierwsze rezerwaty przyrody.

The first nature reserves were created within today's Szczeciński Landscape Park near Szczecin.

Najsłynniejszy kurort Mierzei Wiślanej – Krynica Morska.

Krynica Morska – the most popular resort on the Vistula Spit.

Woliński Park Narodowy, oprócz wyspy Wolin z najwyż-szym klifem, obejmuje także wody Zalewu Szczecińskiego z leżącymi na nim mniejszymi wyspami.

Woliński National Park, in addition to Wolin Island with its high cliff, also encompasses the waters of Szczecin Bay and the smaller islands there.

Kaszuby to nie Mazury, ale i tu nie brakuje chętnych do żeglowania.

Kashubia is perhaps not Masuria but you will also find many yachting enthusiasts here.

Z potężnego zamku człuchow-
skiego zachowały się jedynie
mury, wieża i podziemia.

Only the walls, a tower and
the cellars remain of the once
mighty Człuchów Castle.

Pomnik najsłynniejszego toru-
nianina, Mikołaja Kopernika,
stoi od 1853 roku.

The monument to the most famous native of Toruń, Mikołaj
Kopernik, has stood here since
1853.

Na chojnickim rynku uwagę przyciąga potężny neogotycki ratusz.

The monumental Neo-Gothic Town Hall on the main square in Chojnice draws everyone's attention.

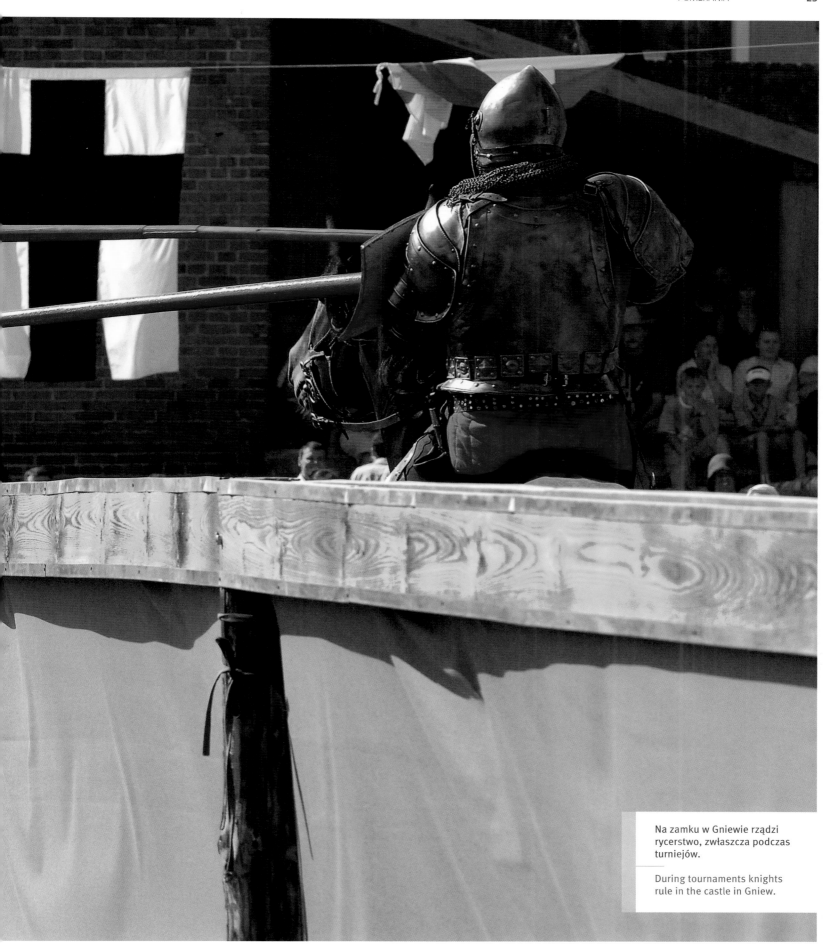

Na zamku w Gniewie rządzi rycerstwo, zwłaszcza podczas turniejów.

During tournaments knights rule in the castle in Gniew.

W zamku, górującym nad miastem Golub-Dobrzyń, mieszczą się obecnie muzeum, hotel i restauracja.

The castle towering over the town of Golub-Dobrzyń houses a museum, hotel and a restaurant.

Bez wątpienia najbardziej imponującą pamiątką po Krzyżakach jest monumentalny zamek w Malborku.

The monumental castle in Malbork is undoubtedly the most impressive vestiges left by the Teutonic Knights.

Wały Chrobrego w Szczecinie najpiękniej wyglądają po zmroku.

Chrobry Bank in Szczecin looks its best at dusk.

Dwie najbardziej charakterystyczne budowle Gdańska:
Żuraw oraz kościół Mariacki.

The two most characteristic
buildings in Gdańsk: the Crane
and the Mariacki Church.

Skwer Kościuszki to ulubione miejsce spacerów zarówno mieszkańców Gdyni, jak i przyjeżdżających tu turystów.

Kościuszko Square is the favourite promenading boulevard of the residents and tourists in Gdynia.

Słynny Grand Hotel istnieje od 1928 roku.

The famous Grand Hotel has been standing here since 1928.

Mazury są pełne przystani żeglarskich, jak ta w ośrodku turystycznym Ruciane-Nida.

The Masuria region contains many marinas such as this one in the tourist centre of Ruciane-Nida.

Warmia i Mazury

Tysiące lat temu ukształtował je lodowiec, setki lat temu ceglane twierdze stawiali tu Krzyżacy, a dzisiaj w sezonie każdy skrawek lądu i wody zapełniają turyści.

Dzisiejsze Warmia i Mazury kojarzą się przede wszystkim z beztroską rozrywką i wypoczynkiem. Szanty w Sztynorcie, country w Mrągowie, satyra i humor w Lidzbarku Warmińskim, rycerze pod Grunwaldem. A nade wszystko tysiące żagli i kajaków. Pionierem żeglowania po mazurskich wodach był mistrz krzyżacki Winrich von Kniprode, który w 1379 roku przepłynął drewnianą łodzią z północy na południe regionu. Miejscami łódź trzeba było transportować pomiędzy jeziorami, dlatego komtur wpadł na pomysł połączenia akwenów kanałami. Nigdy go nie zrealizował, ale jego wizjonerski plan urzeczywistnił się ponad 470 lat później. Współczesny szlak żeglowny ma 126 km długości, a z bocznymi odgałęzieniami prawie 200.

Pojezierze Mazurskie, zwane krainą tysiąca jezior, tak naprawdę liczy ich blisko trzy tysiące. Są wśród nich największe Śniardwy (113,8 km²) nazywane mazurskim morzem, najgłębsze – Hańcza – 108,5 m (średnia głębokość 38,7 m, również największa w Polsce), i najdłuższe – Jeziorak – 27,45 km z Wielką Żuławą – największą śródlądową wyspą w kraju o powierzchni 82,5 ha. Narie uchodzi za jezioro z najbardziej urozmaiconą linią brzegową (jej długość wynosi 53 km, przy powierzchni zaledwie 12,6 km²), a Łuknajno w całości stanowi rezerwat przyrody wpisany na listę Rezerwatów Biosfery UNESCO z największą w Polsce kolonią łabędzia niemego. Stolica Warmii, Olsztyn, jako jedyne polskie miasto ma w swoich granicach aż 11 naturalnych zbiorników wodnych. Czos w Mrągowie (z amfiteatrem położonym tuż nad wodą) jest zaś najbardziej rozśpiewanym jeziorem Polski, a może nawet świata. Latem niemal w każdy weekend odbywa się tu jakiś festiwal, ze słynnym Piknikiem Country na czele. Kryjące się w puszczańskich ostępach Jezioro Nidzkie, wraz z leżącą nad nim najsłynniejszą (oczywiście!) leśniczówką Pranie, to obiekt westchnień największej liczby poetów. Rozsławił je Konstanty Ildefons Gałczyński, a w czasach nam bliższych – Agnieszka Osiecka. „Jutro popłyniemy daleko...", „Ech, muzyka, muzyka, muzyka...", „Ja jestem noc czerwcowa" – kolejne pokolenia studencko-turystycznego bractwa w całym kraju wyśpiewują klimat znad Jeziora Nidzkiego i najbardziej romantycznej leśniczówki świata.

Ostatnim i chyba najbardziej oryginalnym wodno-jeziornym rekordzistą jest szlak wodny między Ostródą a Elblągiem. Statki pływają tu miejscami wbrew logice – po trawie i pod górę. Kanał Elbląski, łączący jeziora Drwęckie, Ilińskie, Ruda Woda, Samobród, Piniewskie i Druzno, to unikatowe w skali światowej dzieło techniki, wciąż korzystające z tej samej, zabytkowej maszynerii z XIX wieku. Dzięki systemowi pochylni wciągających (bądź opuszczających) jednostki pływające, na najciekawszym, prawie 10-kilometrowym odcinku, pokonują różnicę wysokości niemal 100 m.

Jednak Warmia i Mazury to nie tylko woda i jeziora. Jest jeszcze dużo dobrego humoru. W Starym Polu znajduje się jedyny w Polsce pomnik krowy. Są też miejscowości, które z powodu zmian w języku polskim musiały zmieniać nazwy. Spychowo to dawne Pupy (od niemieckiego Puppen, czyli Lalki; tak na marginesie – Jurand nigdy tu nie zawitał). Kurwik nazywa się dziś Kierwik, a dawne Kurwie – Karwica Mazurska. O wszystkim tym można usłyszeć w Lidzbarku Warmińskim podczas corocznej Biesiady Humoru i Satyry, najstarszego w Polsce przeglądu kabaretów, organizowanego od 1976 roku.

A tak na poważnie... w Gierłoży pamiątką po II wojnie światowej jest Wilczy Szaniec – największa kwatera Hitlera w Polsce. Wojnowo do dzisiaj stanowi największe religijne centrum filiponów (starowierców). W Barczewie zaś mieści się jedyny w Polsce więzienny kościół pod wezwaniem Dobrego Łotra. Miejsce odosobnienia niesfornych zakonników istniało tu już na początku XIX wieku i znajdowało się na terenie ogrodu należącego do franciszkanów. Kętrzyn, kojarzony głównie z krzyżackim zamkiem, może się poszczycić rekordową stajnią z 1877 roku. Budynek ma 150 m i 150 stanowisk dla koni. Zabytkowy kompleks zajmuje Kętrzyńskie Stado Ogierów specjalizujące się w hodowli ras zimnokrwistych. To najdłuższa w Polsce i druga co do rozmiarów stajnia Europy.

Do rozpoczęcia ciekawego eksperymentu, nienotowanego nigdzie indziej na naszym kontynencie, i powstania swoistego poligonu doświadczalnego przyczynił się niedawno wiatr. 4 lipca 2002 roku nad puszczami Piską i Borecką przeszedł ogromny huragan wiejący z prędkością 300 km/godz. Wiał zaledwie kilkanaście minut, ale całkowicie zniszczył las na obszarze 17 tys. ha, uszkadzając drzewa na kolejnych 16 tys. ha. Przy sprzątaniu lasu pracowało 2000 pilarzy. W okolicy wsi Pogobie Średnie pozostawili nieuprzątnięty obszar 445 ha wiatrołomów służący do obserwacji odradzania się natury bez ingerencji człowieka.

Warmia and Masuria

Many thousands of years ago, during the last Ice Age, this region was scoured and shaped by the power of the glaciers. Mere centuries in the past brick fortresses were built in these lands by the Teutonic Knights. Today, in the high summer season, the landscape and its waterways, lakes, the banks of the rivers and canals attracts a multitude of visitors and tourists.

The Warmia and Masuria regions of today are predominantly associated with carefree entertainment and relaxation. Shanties in Sztynort, country music in Mrągowo, satire and humor in Lidzbark Warmiński and knights on the battlefield of Grunwald. But above all... thousands of sailing boats and kayaks on the lakes and rivers. The Teutonic Master, Winrich von Kniprode, was the pioneer of sailing on the Masurian waters. In 1379 he traversed the region south to north in a boat. In some places the boat had to be transported across the land which gave the Comtur the idea of joining the lakes with canals. His visionary plan was never realised in his lifetime but became reality some 470 years later. Now the boating and sailing route is 126 km long and with its side branches and tributaries almost 200 km.

The Great Masurian Lakeland, also called the Land of a Thousand Lakes, has almost three thousand lakes within its borders. The largest – Śniardwy Lake – (113.8 km²) called the Masurian Sea, the deepest – Hańcza Lake – 108.5 m (average depth 38.7 m, also the deepest in Poland) and the longest – Jeziorak Lake – 27.45 km with the Great Zulawa – the largest inland island in Poland with a surface area of 82.5 ha. Narie Lake is considered to be the lake with the most varied shoreline – it is 53 km in length, with the lake's surface only 12.6 km², and Łuknajno Lake which contains the largest colony of Mute Swans in Poland and is in its entirety on the UNESCO nature reserve list. Olsztyn, the capital of Warmia, is the only Polish city with 11 lakes inside the boundaries of the city. Czos Lake in Mrągowo (with an amphitheatre located right on the water) can be considered the 'singing lake' of Poland, perhaps of the world. In summer a festival takes place here almost every weekend with top of the bill the very popular, Country Picnic. Nidzkie Lake hidden in the forest, accessible by off roads, with that celebrated (obviously!) Pranie, a forester's lodge, has invoked the lyrical sighing of numerous poets. It was made famous by Konstanty Ildefons Gałczyński and, in times closer to ours – Agnieszka Osiecka. 'Tomorrow we will swim far...', 'Och, music, music, music...', 'I am the June night' – following generations of student-tourist fraternities in the country who sang of the mood and sensations of Nidzkie Lake, and the most romantically situated forester's lodge in the world.

The last and probably the most original lake-land point of interest is the water-way between Ostróda and Elbląg. Here in some places boats glide along seemingly against the laws of nature – on grass and uphill. The Elbląg Canal joining Drwęckie, Ilińskie, Ruda Woda, Samobród, Piniewskie and Druzno lakes is a masterpiece of technology unique in the world and still in operation using original machinery from the 19th century. By means of locks and a remarkable system of rail mounted trolleys between the lakes boats are pulled up or lowered through the canal. In the most interesting 10-km section the difference in water levels is almost 100 m.

Warmia and Masuria are something more than just water-ways and lakes. There is also a great deal of humor and comedy present in these regions. In Stare Pole you can see the only monument in Poland to a cow.

There are locations, which due to changes in the Polish language, have had their names changed also. Spychowo is the former Pupy (from German Puppen, meaning dolls) – Oh, and by the way, *Jurand* never stayed here (in Spychowo) [Editor's note: A character from Krzyżacy (The Teutonic Knights) by Henry Sienkiewicz].

Kurwik is nowadays called Kierwik, and the former Kurwie – Karwica Mazurska. All this you can hear about in Lidzbark Warmiński during the annual Humor and Satire Festival, the oldest review of cabarets in Poland, first staged in 1976.

But a bit more seriously... in Gierłoża something to remind us of World War II – Wolf's Liar – Hitler's vast underground headquarters in Poland. Wojnowo has a large Lipovan (Old Believers) religious centre. In Barczew, the only prison church – the Good Thief's, in Poland was is a place for confining disobedient priests. It has been in existence since the beginning of the 19th century and is located in a garden belonging to Franciscan monks. Kętrzyn is mainly associated with its Teutonic Castle and its claim to stables from 1877 of record size. The building is 150 m long and has 150 stalls for horses. It is the longest and second-largest stable in Europe. The historical compound in Kętrzyn contains a stud specialized in the breeding of cold-blooded horses.

The wind in the region has recently started an interesting experiment not carried out anywhere else on our continent and which has created a specific area of land under observation. On July 4th, 2002, an enormous hurricane surged across Piska and the Borecka forests, blowing with speeds of up to 300 km/h. It lasted only a little over 10 minutes, but completely destroyed a forested area of 17,000 hectares and damaged trees on a further 16,000 ha. Two thousand forestry employees worked to clean up the area. They left a section, 445 ha, of wind-fallen trees untouched in the vicinity of Pogobie Średnie village. Here the natural rebirth of the regional forest, with no interference from man, is being studied.

Statki pływające po Kanale Elbląskim pięciokrotnie podróżują po trawie, łącznie pokonując różnicę wysokości niemal 100 m.

Boats on the Elblag Canal travel five times over grass, with a gradient difference in height of 100 m.

Mazury (tutaj Mamry) po sezonie ogarnia spokój i nostalgia.

Masuria (Mamry Lake) is peaceful and contemplative after the holiday season.

Stacja Badawcza w Popielnie prowadzi hodowlę koników polskich wywodzących się od dzikich tarpanów.

The research station in Popielno breeds Polish Koniks descendents of the wild tarpan horse.

Mikołajki z powodzeniem rywalizują z Giżyckiem o miano letniej stolicy Mazur.

Mikołajki successfully competes with Giżycko for the title of the summer capital of Masuria.

W Gietrzwałdzie miały miejsce objawienia maryjne, jedyne uznane przez polski Kościół za autentyczne.

A manifestation of the Holy Mary in Gietrzwałd is the only revelation considered authentic by the Polish church.

Twierdza w Lidzbarku War-
mińskim to przykład zamku
biskupiego. O powiązaniach
z architekturą świątynną
świadczą wielkie, podłużne
okna.

The fortress in Lidzbark
Warmiński is an example of
a bishop's castle. Its connec-
tion with sacral architecture
is suggested by the high,
elongated windows.

Sanktuarium Święta Lipka stanęło w miejscu, w którym ponoć objawiła się Matka Boska. We wnętrzu zachwycają organy z ruchomymi figurkami.

The Święta Lipka Sanctuary was built on the site of the manifestation of the Holy Mother of God. The organ with moving figures is an interesting in aspect of its interior.

Kwatera Hitlera w Gierłoży,
zwana Wilczym Szańcem, to
żelbetonowe bunkry o ścia-
nach grubych na 4-6 m.

Hitler's headquarters, Wolf's
Liar, in Gierłoż are reinforced
concrete bunkers with walls
4-6 m thick.

Warmia i Mazury są prawdziwym łabędzim rajem. Jezioro
Łuknajno jest tego symbolem.

Warmia and Masuria are
a paradise for swans. Their
symbol is the Łuknajno Lake.

Żubr, największy z polskich ssaków, jest królem Puszczy Białowieskiej.

The largest of Polish mammals is the bison, king of the Białowieża Forest.

Podlasie, Polesie i Suwalszczyzna

Wschodnie krańce Polski nie spieszą się do nowoczesności. Ukryły się z dala od wielkiego świata, gdzieś między Bugiem, Biebrzą, Narwią a Czarną Hańczą. Tutaj czas płynie wolniej, niczym wody nizinnej rzeki. Historia i wielkie współczesne wydarzenia omijają łukiem krainę otuloną płaszczem z bagien, pól i łąk.

Polskie kresy wschodnie słyną z najmniej zmienionej przez człowieka przyrody, miejscami niemal zupełnie pierwotnej. Gdzieniegdzie są widoczne ślady dawnych historycznych zawieruch, a i tam natura zdaje się upominać o swoje, obejmując na powrót w swe władanie tereny, które kilka wieków temu oddała człowiekowi w krótką dzierżawę. Nic dziwnego, że krainę tę upodobał sobie bocian biały – jeden z głównych symboli rodzimej przyrody i całej Polski.

> „Do kraju tego, gdzie winą jest dużą
> Popsować gniazdo na gruszy bocianie,
> Bo wszystkim służą…
> Tęskno mi, Panie…"
> (Cyprian Kamil Norwid, „Moja Piosenka [II]")

Fragment tego wiersza w pełni oddaje stosunek Polaków do bociana, który każdego roku przynosi na skrzydłach wiosenne ocieplenie i zapowiedź Wielkanocy. Wokół niego narosło sporo legend. O tym, że przynosi dzieci (a przynajmniej zjednuje błogosławieństwo swym gospodarzom w postaci potomstwa lub innych dostatków), a jego gniazdo chroni domostwo przed pożarem czy uderzeniem pioruna. To jedyne stworzenie, któremu nadaliśmy ludzkie imię: Wojtek, Kajtek – w zależności od regionu, wyrażając tym naszą sympatię i szacunek.

Niemal co czwarty bociek jest Polakiem, a większość z tej licznej populacji mieszka na wschód od Wisły. Na wschodnich krańcach kraju utworzono nawet Podlaski Szlak Bociani o długości 206,3 km – szlak rowerowy łączący trzy parki narodowe: Białowieski, Narwiański i Biebrzański. Planowane jest przedłużenie go o kolejne 181 km, aż na Suwalszczyznę do Wigierskiego Parku Narodowego. Trasa przebiega m.in. przez Pentowo, nazywane od 2001 roku Europejską Wioską Bocianią. Ten zaszczytny tytuł jest przyznawany przez proekologiczną organizację Euronatur tylko jednej wsi w każdym „bocianim" kraju za wyjątkowe walory ekologiczne. Prawdziwym rekordzistą w Pentowie jest gospodarstwo państwa Moczydłowskich, gdzie położonych jest aż 19 (z 23 w całej wiosce) gniazd, a dla miłośników przyrody przygotowano wygodną wieżę obserwacyjną.

Zresztą nie tylko bociany wybrały wschodnie krańce Polski na swój dom, ale także żubry, łosie i żółwie błotne. Na Pojezierzu Łęczyńsko-Włodawskim (Polesie) zachowała się najliczniejsza w Europie Środkowej kolonia lęgowa tych ostatnich, licząca ok. 500 samców i samic.

Podlasie to kraina puszcz i bagien. Najstarsza i największa pierwotna puszcza Europy rozciąga się wokół Białowieży. Z prawie 150 tys. ha Puszczy Białowieskiej 62 tys. leżą w granicach naszego kraju. Na jej terenie znajduje się najstarszy park narodowy w Polsce i jeden z najstarszych w Europie. Jego zalążek pod nazwą „Park Narodowy" powstał już w roku 1921. W parku rosną najwyższe w Polsce drzewa, wśród nich 55-metrowy świerk rekordzista, i żyje największy europejski ssak – żubr.

Oprócz najstarszego, na Podlasiu jest też największy park narodowy Polski – Biebrzański. Liczy ponad 59 tys. ha i został utworzony w dolinie rzeki o najmniejszym w Polsce spadku, w okolicach Osowca osiągającym rekordowo niską wartość 0,06 promila. Wolno płynące i szeroko rozlewające się wody Biebrzy utworzyły największy w Europie obszar torfowisk niskich, bagien i grzęzawisk (90 tys. ha), w którym schronienie znalazł łoś (około 500 sztuk). Jego największą ostoją jest Czerwone Bagno. Jednak Biebrza to przede wszystkim ptasie królestwo. Każdej wiosny ściągają tu tysiące miłośników podglądania skrzydlatej braci z całej Europy.

Nie brakuje ich też nad Narwią, nazywaną polską Amazonką i objętą ochroną w Narwiańskim Parku Narodowym. To jedyna na naszym kontynencie rzeka anastomozująca, tzn. płynąca kilkoma równorzędnymi korytami. Żeby zobaczyć drugą tak niezwykłą dolinę, trzeba by wybrać się do Afryki nad Kongo lub do Ameryki Południowej nad Amazonkę.

Na Podlasiu jest niewiele zabytków, ale te, które są, mają niepowtarzalną atmosferę. Najwięcej jest zgromadzonych w niewielkich miasteczkach, należących do najpiękniejszych i najbardziej klimatycznych w Polsce: w Tykocinie, Drohiczynie czy ukrytym w Puszczy Knyszyńskiej Supraślu. W Janowie Podlaskim natomiast, a właściwie w oddalonej o 2 km od niego Wygodzie, znajduje się najstarsza w Polsce stadnina koni. Słynie z hodowli wierzchowców czystej krwi arabskiej i rozsławionej na cały świat aukcji odbywającej się co roku w połowie sierpnia. Tutejsi szlachetni pensjonariusze, jak przystało na końską elitę, zakwaterowani są w jedenastu zabytkowych stajniach. Najbardziej znana jest Zegarowa, najstarsza zaś – Czołowa – pochodzi z 1841 roku.

Wschodnie pogranicze jest też pełne świątyń i cmentarzy różnych wyznań. To pamiątka po czasach, kiedy społeczność zamieszkująca kresowe miasteczka była wieloetniczna. Zabytkowe meczety i muzułmańskie cmentarze układają się w Szlak Tatarski opowiadający o tatarskiej przeszłości regionu. W Grabarce bije święte źródło, nad którym stoi najważniejsze polskie sanktuarium wyznawców prawosławia, od ponad 300 lat pielgrzymujących z krzyżami na Górę Krzyży. Najbardziej okazały jest jednak zespół sześciu cmentarzy różnych wyznań, znajdujący się w Suwałkach. Największy jest cmentarz katolicki z neogotycką kaplicą i bogatymi nagrobkami. Sąsiadują z nim cmentarze: protestancki i prawosławny z drewnianą cerkwią oraz wydzielonym, niewielkim cmentarzem starowierców – ortodoksyjnych wyznawców prawosławia. Część południową stanowi duży kirkut (żydowska nekropolia), którego narożnik zajmuje niewielki mizar (cmentarz muzułmański).

O Suwalszczyźnie najczęściej wspomina się przy okazji rozważań klimatycznych. Jako polski biegun zimna ma najniższą w kraju średnią roczną temperaturę powietrza oraz niekończące się zimy – ponad dwa razy dłuższe niż na zachodzie kraju. Najdłuższa trwała aż do czerwca (w 1928 roku). Powszechnie znane są też najwyższe w Polsce (36 m) wiadukty kolejowe w Stańczykach. Ale mało kto słyszał o jeziorze Lubie, którego tafla nie jest pozioma. Na skutek anomalii magnetycznej różnica wysokości między północno-zachodnim, a południowo-wschodnim skrajem przekracza 20 cm.

Podlasie, Polesie and Suwałki regions

The eastern borderlands of Poland are in no hurry to modernise. They are hidden from the world, somewhere between the rivers Biebrza, Bug, Narwia and Czarna Hańcza. Time passes slowly here, as do the waters in a lowland river. History and great contemporary events have passed by these lands hidden in the swamps, fields and meadows.

Poland's eastern borderlands are well-known for their natural balance, unaltered by man and totally primeval in certain locations. Here and there you can see the traces of some former historical turmoil but even there Nature seems to claim what belongs to it as it regains its sovereignty over areas which it temporarily leased to men just a few centuries ago. No wonder that this region has also been chosen by the White Stork – one of the most important natural symbols of Poland.

> "For the land where it is a great travesty
> To harm a stork's nest in a pear tree,
> For storks serve us all…
> I am homesick, Lord!…"
> (Cyprian Kamil Norwid, 'My song' [II])

This fragment of the poem fully conveys the Polish attitude towards the stork which brings the warmth of the spring on its wings to this country every year and is the harbinger of Easter. There are numerous legends about the stork. That it brings children (or at least blesses its hosts with children or prosperity), that its nests protect a household from fire and lightning. In fact, it is the only animal which has been given a human name: Wojtek, Kajtek – depending on the region, which is an expression of our consideration and respect.

It can be said that every one in four of the world's storks is Polish and the majority of this numerous population inhabit the areas to the east of the Vistula River. Here, in the eastern borderlands of Poland, the Podlasie Stork Trail was established with a 206.3 km bicycling trail joining three National Parks: Białowieża, the Narwia River Park and the Biebrza River Park. The plan is to prolong the trail by another 181 km to the Suwałki region, to the Wigry National Park. The route leads through, amongst other villages, Pentowo, named

in 2001, the European Village of Storks. This worthy title has been bestowed by the pro-ecological organization, Euronatur, on only one village in 'stork' country for its exceptional ecological values. The Moczydłowski household is the record-holder in Pentowo with 19 nests (out of 23 in the village). A special watch tower has also been built for stork watchers.

In fact, storks are not the only creatures to have chosen the eastern borderlands of Poland as their home. Amongst others there are, bison, elk and mud turtles and the habitat with the greatest amount of these mud turtles is the Łęczyńsko-Włodawskie Lakeland (Polesie) with 500 male and female specimens.

Podlasie is a land of forests and swamps with the oldest and largest primeval forest in Europe around Białowieża. The Białowieża Forest covers almost 150,000 ha and 62,000 ha are located in Poland. The oldest national park in Poland and one of the oldest in Europe is located within this forest. The origins of the National Park date back to 1921. The park claims the highest trees in Poland, including a 55-m spruce tree and the largest Polish mammal – the bison.

In addition to the oldest national park, the Biebrza River National Park is also located in Podlasie. This is the largest wild life park in Poland. It has a surface area of over 59,000 ha and was created in the valley of a river with a very low ground water descent flow – reaching a record low of 0.06 per mill. near Osowiec. The slow flowing and the enormous quantities of the spilling waters of the Biebrza River have created a vast area of low marshlands, swamps and morasses (90,000 ha) where elk have found refuge. The Biebrza River area is, however, predominantly the kingdom of birds and each spring it also attracts birdwatchers and ornithologists from across the whole of Europe.

Birds are also numerous on the Narwia River (called the 'Polish Amazon') which is a protected zone in the Narwia

River National Park. It is the only *anastomosis* river – made up of multiple channels that divide and reconnect – on our continent. To see another river valley like this you would have to go to Africa to the Congo River or to South America – to the Amazon.

There are not many historical sites in Podlasie, but those that do exist have a unique atmosphere. The majority can be found in small towns in beautiful and distinctive locations in Poland: in Tykocin, Drohiczyn and Supraśl, hidden in the Knyszyńska Forest. In Janów Podlaski, or more precisely in Wygoda two kilometers away, are the oldest stables in Poland. These stables are famous for pure-bred Arab horses and the globally recognized horse auction which takes place in mid-August. The esteemed residents of the region, as it becomes these horses, live in eleven historic stables: The Zegarowa (Clock) Stable is the best known and the Czołowa (Main Stallion Stable) stable from 1841 is the oldest.

The eastern borderlands include within their boundaries many churches and cemeteries of different religions. This is a reminder of times when the people living in borderland towns came from various different ethnic backgrounds. Ancient mosques and Muslim cemeteries are part of the Tartar Trail revealing a past of the region connected with the Tartars. There is a Holy Spring in Grabarka with the most important Orthodox sanctuary in Poland. Orthodox worshippers have been embarking on pilgrimages with crosses to the Mountain of the Cross for over 300 years. The most impressive site is the compound of six cemeteries of different faiths in Suwałki. The Catholic cemetery with the Neo-Gothic chapel and lavish tombs is the largest. It is adjacent to the Protestant and Orthodox cemeteries with a wooden Orthodox Church and separate, small Old Believers (the most Orthodox branch) cemetery. The southern part is taken up by a large Kirkut (Jewish cemetery), whose corner is taken by a small Mizar (Muslim cemetery).

The Suwałki region is usually mentioned when there is a change in the climate. As the Polish 'pole of cold weather' it has the lowest average annual temperature in Poland, and seemingly never-ending winters – over twice as long as in the west of the country. The longest winter lasted until June (in 1928).

The highest railway viaducts in Poland (36 m) are located in Stańczyki close to the border with the Kaliningrad Oblast of Russia. Not many people have heard of Lubie Lake whose surface is not actually horizontal! Due to a magnetic anomaly the altitude difference between the north-western and south-eastern shore is over 20 cm.

Kanał Augustowski – najdłuższy polski zabytek, ma 101,2 km i 18 śluz, z czego 14 po naszej stronie granicy.

The Augstów Canal at 101.2 km is the longest Polish historical site. It has 18 sluice gates of which 14 are in Poland.

Znak współczesnych czasów... Nawet z dworca kolejowego można uczynić luksusową restaurację.

An indication of our times. Even a railway station can be transformed into a very interesting restaurant.

Najwyższe polskie wiadukty w Stańczykach są rozpięte nad niewielką rzeką – Będzianką.

The highest viaducts in Poland stretch over the small Będzianka River in Stańczyki.

Najważniejszymi mieszkań-
cami Europejskiej Wioski
Bocianiej, czyli Pentowa,
są... boćki oczywiście.

The most important inhabitants of the European Stork
Village Pentowo are the storks,
of course.

Polskę na całym świecie rozsławiły konie arabskie z Janowa Podlaskiego.

Poland is well known around the world for the pure bred Arab horses from Janów Podlaski.

Wielokorytowa Narew jest unikatową rzeką w skali Europy.

The many branched Narew
River is unique in Europe.

Tykocin jest typowym podlaskim miasteczkiem o długiej historii i niezwykłej, nieco sennej atmosferze.

Tykocin is a typical town in Podlasie with a long history and an unusual, rather drowsy ambience.

Bohoniki są jedną z najważniejszych osad na Szlaku Tatarskim.

Bohoniki are one of the most significant settlements on the Tartar Trail.

O tatarskiej przeszłości
Kruszynian przypominają
dziś meczet i mizar.

The mosque and mizar (Muslim cemetery) are a reminder
today of the Tartar-related past
of Kruszyniany.

Na wschodnich krańcach
kraju znajdziemy ślady wielu
wyznań. Prawosławna Góra
Krzyży w Grabarce.

The eastern borderlands have
traces of numerous religions.
Here the Orthodox Mountain of
Crosses in Grabarka.

JACQUES SWAAB
13.11.1921 - 2.7.1943 Sobibór
Fam. Dijker-Swaab

Jedną z pamiątek po bolesnych wydarzeniach na Polesiu jest były niemiecki obóz zagłady w Sobiborze.

The Nazi death camp in Sobibór is a reminder of the terrible events which took place in Polesie.

Cerkiew Zwiastowania NMP to centrum życia religijnego w Supraślu.

The Annunciation of the Blessed Virgin Mary Orthodox Church is the centre of religious life in Supraśl.

Cisowa Góra w Suwalskim Parku Krajobrazowym zwana bywa Suwalską Fudżijamą.

Cisowa Mountain in Suwalski Landscape Park is sometimes called the Suwałki Fujiyama.

W dawnych eremach klaszto-
ru wigierskiego znajdują się
dzisiaj pokoje gościnne.

The former hermitage of the
Wigry Monastery serves as
guest rooms today.

Klasztor nad Wigrami został
zamieniony w Dom Pracy
Twórczej.

The Wigry Monastery was
transformed into a House for
Creative Work.

Pałac Branickich w Białym-
stoku nazywa się czasem
Wersalem Podlasia.

The Branicki Palace in
Białystok, sometimes called
the Versailles of Podlasie.

Bogato malowane sklepienie kościoła Rozesłania św. Apostołów w Chełmie.

The lavish frescos of the ceiling in the church in Chełm.

Dęby rogalińskie rosną w utworzonym w 1997 roku Rogalińskim Parku Krajobrazowym.

Rogalin oaks in the Rogaliński Landscape Park established in 1997.

Wielkopolska, Kujawy i Ziemia Lubuska

Polonia Maior, Wielka Polska, Wielkopolska. Kolebka Polski. Pośród wielkopolskich pagórków i jezior polodowcowych wiele miejsc pamięta czasy pierwszych Piastów. Czasy, kiedy rodziła się Polska.

Od czego zacząć wędrówkę po Wielkopolsce? Najlepiej od początku. W końcu to nie nowina, że właśnie tutaj narodziła się Polska. Tylko gdzie tego początku szukać? W Kaliszu – najstarszym polskim mieście? Przynajmniej tak niektórzy interpretują mapę ze 150 roku naszej ery, na której aleksandryjski geograf Ptolemeusz umieścił osadę Kalisia. Pod najstarszymi i najcenniejszymi polskimi drzwiami, w katedrze gnieźnieńskiej? Wszak od wielu pokoleń uczono nas na lekcjach historii, że pierwszą stolicą Polski było właśnie Gniezno. A może na Ostrowie Tumskim w Poznaniu, gdzie niedawno odkryto relikty przedromańskiego palatium Mieszka I, świadczące o tym, że miasto pełniło funkcję głównego grodu na długo przed ustanowieniem Gniezna formalną stolicą państwa Piastów.

Oprócz Poznania i Gniezna czasy pierwszych Piastów pamiętają m.in. Ostrów Lednicki, gdzie już w VII wieku istniała osada, Giecz czy Kruszwica ze słynną wieżą Popiela. Wszystkie je można obejrzeć na słynnym Szlaku Piastowskim bądź w skali 1:20 w parku miniatur w Pobiedziskach.

Przyrodniczym symbolem Wielkopolski są dęby rogalińskie – największe skupisko dębów pomnikowych w Polsce. Kiedy liczono je po raz ostatni w latach 90. XX wieku, było ich 1435, z czego 860 uznano za pomniki przyrody. Najsłynniejsze wśród nich to legendarni bracia: Lech (najszczuplejszy – 635 m w obwodzie), Czech i najgrubszy (926 m) Rus. W Kórniku, oprócz neogotyckiego pałacu przypominającego średniowieczne zamczysko, można zwiedzić najstarsze arboretum z najbogatszą w kraju kolekcją drzew i krzewów. Tutaj powiedzenie „gruszki na wierzbie" nabiera zupełnie nowego wymiaru. Rośnie tu bowiem grusza wierzbolistna – drzewo mające liście wierzby i owoce gruszy. Wielkopolski Park Narodowy uchodzi zaś za żywe muzeum form polodowcowych, pełne pagórków morenowych, jezior rynnowych, oczek wodnych, ozów, kemów i głazów narzutowych. Jest wśród nich najdłuższy w Polsce oz (naturalny, polodowcowy wał ziemny) – Bukowsko-Mosiński, liczący 37 km. Ale mało kto słyszał o Wyspie Konwaliowej na Jeziorze Radomierskim koło Przemętu. Rosną na niej jedyne w Europie różowe konwalie.

Architektoniczne rekordy biją Antonin z największym drewnianym pałacem, największy w kraju barokowo-klasycystyczny pałac w Rogalinie z niezwykłą kolekcją malarstwa zawierającą m.in. jedyny obraz Claude'a Moneta w Polsce – „Wybrzeże morskie", oraz niezwykły pałacyk myśliwski Moja Wola z elewacją z korka przywiezionego z Egiptu. Pałac w Racocie nie oszałamia rozmiarami ani wyglądem, ale słynie z największej w Europie stadniny koni rasy wielkopolskiej (600 zwierząt).

Wśród wielkopolskich świątyń rekordzistek znajdują się Licheń, Gostyń i Tarnów Pałucki. Pierwszy z nich bije wszelkie rekordy swoim rozmachem. Jest obecnie największym kościołem w Polsce, trzecim w Europie i trzynastym na świecie. Ma 23 tys. m² powierzchni, 139 m długości i 77 m szerokości. Mieści 17 tys. osób i kolejne 250 tys. na placu. Świątynia w Licheniu ma najwyższą wieżę kościelną (141,5 m), największą mozaikę z kolorowych marmurów, największy zespół organów liczący 157 głosów, a bije w niej ważący 15 ton największy w Polsce dzwon Maryja Bogurodzica. Monumentalny zespół klasztorny na Świętej Górze pod Gostyniem prezentuje się znacznie skromniej. Szczyci się zaledwie jednym rekordem – największą w Polsce kopułą o średnicy 17 m i wysokości 50 m. Świątynia ta jest pomniejszoną o 1/5 kopią weneckiego kościoła Santa Maria della Salute. Kościół św. Mikołaja w Tarnowie Pałuckim przy tych gigantach to niemal miniaturka, ale jest najstarszą drewnianą świątynią w kraju. Powstał w połowie XV wieku, według innych źródeł w 1373 roku. Jest jeszcze Strzelno z unikatowymi na skalę europejską romańskimi, rzeźbionymi kolumnami w kościele Świętej Trójcy, Górka Klasztorna, która może się poszczycić najstarszym z polskich objawień (z 1079 roku) oraz Piła z kościołem św. Antoniego Padewskiego, w którym znajdziemy 7-metrowy, największy w Europie krucyfiks wykonany z jednego kawałka drewna.

Na liście wielkopolskich „naj" znajdziemy tak oryginalne obiekty, jak najstarszy znak drogowy z 1151 roku w Koninie, pierwszy pomnik trzeciego tysiąclecia (w kształcie grzyba) odsłonięty minutę po północy 1 stycznia 2001 roku dla uczczenia dziesiątej rocznicy utworzenia Sierakowskiego Parku Krajobrazowego czy najszybszy parowóz Piękna Helena rozpędzający się do 130 km/godz. Ta posapująca piękność od 1937 roku niezmiennie wyrusza z Wolsztyna – jedynej czynnej parowozowni w Europie, istniejącej od 1907 roku. Innym eksponatem parowozowni jest seniorka wśród polskich ciuchci – Ok1-359, która grała u Polańskiego i Spielberga. Na terenie dzisiejszego Poznania, w dzielnicy Morasko mieści się rezerwat o tej samej nazwie z jedynymi w Polsce kraterami powstałymi po upadku meteorytu. Największy z nich ma średnicę 90 m. Najcięższa znaleziona jak dotąd kosmiczna skała ważyła 164 kg. Wśród niezwykłych miejscowości można wymienić miasto znikających wiatraków – Śmigiel, dawne centrum młynarskie. Wprawdzie o dawnych tradycjach pamiętają już tylko dwa XVIII-wieczne koźlaki (a i one przyjechały z okolicznych wsi), ale jeśli wierzyć opowieściom, dawniej wiatraków było 99. I nigdy więcej. Za każdym razem, gdy stawiano setny, jeden z istniejących ulegał zniszczeniu w tajemniczych okolicznościach. Najstarszy polski wiatrak (z 1585 roku) stoi zaś w tzw. Małym Skansenie nad jeziorem Lednica.

Ziemia Lubuska może się poszczycić Napoleonem – najgrubszym dębem w Polsce o obwodzie 10,34 m oraz najmłodszym parkiem narodowym (PN „Ujście Warty", utworzony w 2001 roku), chroniącym jedną z największych w Europie ostoi ptactwa wodnego. Na południe od Międzyrzecza znajduje się gigantyczny, najpotężniejszy w Polsce i jeden z najdłuższych w Europie, system umocnień MRU (Międzyrzecki Rejon Umocniony). Składa się ze stu obiektów fortyfikacyjnych połączonych podziemnymi tunelami o łącznej długości około 28 km. Przebiegające na głębokości 15-40 m tunele, w których mogły jeździć nawet pociągi, są największą atrakcją regionu oraz największym w Polsce podziemnym miastem. Jego korytarze upodobały sobie nietoperze. Zimuje tu około 30 tys. latających ssaków należących do 12 gatunków, wśród nich zagrożony wyginięciem nocek Bechsteina. Utworzony w 1980 roku rezerwat Nietoperek jest największym skupiskiem nietoperzy w Europie.

W Nowym Tomyślu stoi wpisany do księgi Guinnessa największy kosz na świecie. 36 mistrzów wikliniarstwa i 12 pomocników wykonało go w 2006 roku, zużywając prawie 12 ton wikliny. Kosz ma 19,8 m długości, 9,53 m szerokości i 8,98 m wysokości. Zresztą w Nowym Tomyślu z wikliny robi się niemal wszystko; można tu znaleźć wiklinową karoserię samochodu, trumnę czy kopię obrazu Salvadora Dalego.

W Owczarach znajduje się jedyne w Polsce Muzeum Łąki, a w Świerkocinie powstałe w połowie lat 90. pierwsze (choć dzisiaj już niejedyne) zoosafari, w którym zza szyb samochodu ogląda się biegające na wolności zwierzęta z Afryki, Mongolii, Indii i Ameryki Południowej.

Jeziora w Parku Mużakowskim powstałe w zapadliskach i wyrobiskach węgla brunatnego tworzą jedyne w Polsce pojezierze pochodzenia antropogenicznego. Jego unikalne walory uhonorowano, wpisując park na listę UNESCO.

Kujawy nie pozostają w tyle. Największy sztuczny zbiornik (70,4 km²) to Włocławek na Wiśle. W Biskupinie znajduje się najlepiej zachowane (częściowo zrekonstruowane) osiedle obronne sprzed 2500 lat. Każdego roku odbywa się tu największy z polskich festynów archeologicznych. Można tu dojechać po najwęższych torach w Polsce o szerokości 600 mm (większość polskich wąskotorówek ma rozstaw 750 lub 785 mm). W pobliskiej Wenecji mieści się Muzeum Kolei Wąskotorowej z największą w Europie kolekcją taboru wąskotorowego oraz najcenniejszym eksponatem – XIX-wiecznym, najmniejszym jeżdżącym po Starym Kontynencie wagonikiem pocztowym.

Ciechocinek szczyci się największymi tężniami w Europie o wysokości 16 m i łącznej długości 1741,5 m. Do ich budowy zużyto prawie 20 tys. m³ drewna i 50 tys. m³ tarniny. W Kłodawie wciąż działa największa kopalnia soli o łącznej długości wyrobisk około 350 km z szybami sięgającymi głębokości 750 m. Kopalnia jest udostępniona do zwiedzania, przebiega tędy najgłębsza trasa turystyczna w Polsce. W 2007 roku pobito w niej rekord Guinnessa w kategorii „najniżej odbywający się koncert muzyczny na świecie". Muzycy Filharmonii Kaliskiej zagrali tu „Cztery pory roku" Vivaldiego.

Na koniec trzeba jeszcze wspomnieć o Wylatowie, nazywanym od niedawna mekką ufologów. W 2000 roku po raz pierwszy pojawiły się tu tajemnicze piktogramy. Od tej pory regularnie odbywają się zloty miłośników niezidentyfikowanych pojazdów latających.

Wielkopolska, Kuyavia and Lubusz Land

Polonia Maior, Greater Poland, Wielkopolska. The cradle of Poland. There are many locations among the Wielkopolska hills and post-glacial lakes which are a reminder of the times of the first Piasts. The times of a nascent Poland.

Where should you start your tour of Wielkopolska? At the beginning would be the best. It's no secret that Poland was born here in these lands. But where do we look for this beginning? In the oldest city in Poland, Kalisz? This is how some interpret a map dating back to 150 AD, where the Alexandrian geographer, Ptolemy, placed a settlement called Kalisia. Or is it at the 12th century, massive, bronze doors to Gniezno Cathedral, or perhaps Poznań where the vestiges of the pre-Roman *villa regia* of Mieszko 1st were recently discovered proving that this was the main township long before Gniezno was established as official capital of the county under the Piast dynasty.

Apart from Poznań and Gniezno the times of the first Piasts are remembered in Ostrów Lednicki with a settlement from the 7th century and Giecz and Kruszwica with its famous, *Mysia Wieża* (Mice Tower). All can be seen on the famous Piast Trail, a 1:20 scale model in the miniature park in Pobiedziska.

The oak trees in Rogalin are one of the natural emblems of Poland. They are the largest stand of monumental oaks in Poland. When they were last counted in the 1990s, there were 1435 and 860 were named monuments of Nature. The most famous among them are the legendary brothers: Lech (the slimmest – 635 m in circumference), Czech and the largest, Rus (926 m). In Kórnik, apart from the Neo-Gothic Palace which reminds us in part of a medieval castle, you can visit the oldest arboretum in Poland with its large collection of trees and herbaceous perennials – shrubbery and undergrowth. Here the saying, 'pears on a willow tree', has a completely new meaning because a willow-leafed pear tree can be found growing here – a tree with willow leaves and pear fruit. The Wielkopolska National Park is considered to be a living museum of post-glacial sedimentary forms with moraine hills, ribbon lakes, water basins, eskers, kames and glacial erratics. The Park contains the longest esker in Poland (a postgla-cial winding ridge) – Bukowsko-Mosiński, 37 km long. Very few people know of Lily Island on Radomierskie Lake near Przemęt where the unique to Europe pink lilies grow.

Architectural achievements can be seen in Antonin with its large wooden palace and the most important Baroque-Classicist palace in Poland in Rogalin. This palace contains an extraordinary collection of paintings amongst them, 'Sea shore' by Claude Monet, the only example of the work of this artist in Poland. Here you will also find a unique hunting palace, Moja Wola, with an elevation made from Egyptian cork. The small palace in Racot is famous for the largest stable in Europe (the State stud) with its 600 Wielkopolska horses.

Some of the best known Wielkopolska shrines are in Licheń, Gostyń and Tarnów Pałucki. The first is famous for its rather lavish and grand scale. It is the largest Basilica in Poland, the third in Europe and thirteenth in the world. It has a surface area of 23,000 m² and is 139 m in length and 77 m in width. Its interiors can contain 17,000 people with 250,000 in the square outside. The shrine in Licheń has the highest church tower (141.5 m), the biggest colour marble mosaic, the largest organ with 157 pipes and the largest bell weighing 15 tons in Poland (called 'Maryja Bogurodzica' – Mary Mother of God). The monumental monastic compound in the Holy Mountain, Święta Góra, near Gostyń is more modest. It does hold one record, however – the largest dome in Poland with a 17 m diameter and height of 50 m. This shrine is 5 times smaller when compared to the Venetian, Santa Maria della Salute Church. The Saint Nicholas Church in Tarnów Pałucki is almost a miniature when compared to these gigantic edifices but it is the oldest wooden in construction shrine in Poland. It was built in the mid-15th century (or in 1373 according to different sources). In Strzelno there are the unique, on a European scale, Romanesque sculpted columns in the Saint Trinity church. Górka Klasztorna (Monastery Mountain) can be considered the place of the earliest holy revelations in Poland (1079). Piła has the Saint Antoni Padewski church where you will find a 7-m high crucifix (the largest in Europe) made from one piece of wood.

The list of 'top places of interest in Wielkopolska' includes the oldest road sign from 1151 in Konin, the first monument to the third millennium (mushroom-shaped) unveiled one minute after midnight on January 1, 2001 to commemorate the 10th anniversary of the establishment of the Sierakowski Landscape Park and Piękna Helena (Beautiful Helen), the fastest steam engine in Poland, with a speed of up to 130 km/h. This puffing beauty has been setting out from Wolsztyn to Poznan since 1937. In Wolsztyn you will find the only working locomotive shed in Europe, in existence from 1907. Another exhibit in the locomotive shed is the oldest Polish steam engine – Ok1-359, which was used in the films of Polański and Spielberg. Within the city limits of today's Poznań, in the Morasko locality, there is a reserve with meteorite crater impacts, unique to Poland. The largest of them has a circumference of 90 m. The heaviest meteorite discovered was 164 kg. Śmigiel, the town of vanishing mills, a former milling centre, has to be mentioned among the unusual towns of the region. The traditions of the past can still be evoked but only by the two remaining 18th-century post mills (and even these were brought here from nearby villages). According to local legends there were once 99 mills in the town. And not one more! During the construction of the hundredth mill one of the existing mills was always destroyed in mysterious circumstances. The oldest Polish mill (from 1585) can be found in the small Open-Air Museum near Lednica Lake.

Lubusz Land can be proud of its Napoleon – the widest oak in Poland with a circumference of 10.34 m and the most recent National Park on the Warta Estuary (established in 2001) protecting one of Europe's largest refuge of water birds. South of Międzyrzecz is the gigantic, mightiest in Poland, fortification system, MRU (Międzyrzecz Fortification Area). It contains a hundred fortifications joined together by underground tunnels with a total length of 28 km. This is the largest underground town in Poland with tunnels at a depth of 15 to 40 m, where even trains could travel and is the biggest attraction of the region. The underground corridors have been chosen by bats as their winter resting place. Over 30,000 of these flying mammals (12 species, including the endangered Bechstein mouse-eared bat) spend their winters here. The 'Nietoperek' reserve established in 1980 is the major bat roosting reserve in Europe.

Nowy Tomyśl possesses the largest basket in the world – as mentioned in the Guinness Book of Records. It was made by 36 wicker masters and 12 assistants in 2006 from almost 12 tons of woven wicker. The basket is 19.8 m long, 9.53 m wide and 8.98 m high. In fact, almost everything is made of wicker in Nowy Tomyśl; a wicker car body, coffin, and a copy of a Salvador Dali painting.

The only Museum of the Meadow in Poland is in Owczary, and the first (although now no longer the sole) zoo-safari established in the mid-1990s is located in Świerkocin where from a vehicle animals from Africa, Mongolia, India and South America can be seen running free.

The lake-lands in the Mużakowski Park (an English-style park) situated half in Poland and half in Germany are recognized as the forerunner of new approaches to landscape design involving greater human intervention In the Mużakowski Park the landscape was changed completely. The park was added to the list of World Heritage Sites in 2004.

Kuyavia is not far behind when we look for places of interest. The largest artificial reservoir in Poland (70.4 km²) is near Włocławek on the Vistula River. Biskupin has the best preserved (partially reconstructed) defensive enclosure dating back 2,500 years (Iron Age). Each year several of the most important Polish archaeology meetings take place here. This region can be reached by a narrow-gauge track (600 mm in width) – the majority of Polish narrow-gauge railways are 750 or 785 mm. The Museum of Narrow-Gauge Rail is located in nearby Wenecja and is the largest European collection of narrow-gauge rolling stock with an interesting exhibit – a 19th century small, Old Continent post wagon.

Ciechocinek boasts the highest graduation towers in the world, 16 m, with a total length of 1741.5 m. Almost 20,000 cubic meters of wood and 50,000 cubic meters of blackthorn were used to build the towers. The salt mine is still operational in Kłodawa with a total length of approximately 350 km with shafts reaching 750 m in depth. The mine can be visited and for those who do not suffer from claustrophobia the deepest tourist route in Poland can be explored. In 2007 a Guinness record was established here in the category 'the deepest underground in the world' musical concert performed – musicians from the Kalisz Philharmonic played Vivaldi's 'Four Seasons'. Wylatowo, called the Mecca of UFOlogists, should also be mentioned. Mysterious pictograms in fields appeared here for the first time in 2000 (and up to 2005) and since then meetings of those interested in unidentified flying objects have been taking place here regularly.

Ciechociński zespół trzech tężni solankowych wzniesiono w XIX wieku.

The salt graduation towers were built in Ciechocinek in the 19th century.

W Wielkopolsce ocalało jeszcze wiele starych wiatraków. Ten stoi w Nadwarciańskim Parku Krajobrazowym.

There are many old windmills still standing in Wielkopolska. This one is in the Nadwarciański Landscape Park.

Rezerwat archeologiczny w Biskupinie jest główną atrakcją turystyczną historycznej krainy nazywanej Pałukami.

The Archaeology Reserve in Biskupin is the main tourist attraction of the historical region of Pałuki.

Wielkopolska jest krainą jezior, pól...

Wielkopolska is the land of lakes and meadows...

...i lasów.

...and forests.

Prom na Odrze w Krzesińskim Parku Krajobrazowym.

A ferry boat on the Odra River in the Krzesiński Landscape Park.

Dla miłośników techniki najważniejszym wielkopolskim zabytkiem jest wciąż czynna parowozownia w Wolsztynie.

The still operational steam engine park in Wolsztyn is the most interesting site for enthusiasts of steam power.

Stary Browar w Poznaniu jest połączeniem centrum handlowego z galerią sztuki.

The Old Brewery in Poznan is a combination of a shopping centre and art gallery

Bazylika św. św. Piotra i Pawła w Poznaniu jest najstarszą polską katedrą. Została założona w drugiej połowie X wieku.

Saint Peter and Paul's Basilica in Poznan is the oldest Cathedral in Poland. It was established in the second half of the 10th century.

Okolice Gołuchowa słyną z zamku w stylu renesansu francuskiego.

The Gołuchów region is famous for a castle in French Renaissance style.

Świątynia Świętej Trójcy
w Strzelnie zachwyca unikatowymi romańskimi kolumnami.

The interior of The Holy Trinity
Shrine in Strzelno contains
Roman columns.

Per merita S. Adalberti Christe nos exaudi
atque ejus precibus nobis succurre miser

Nawę główną katedry gnieźnieńskiej wieńczy trumna
z relikwiami św. Wojciecha.

The sarcophagus with the
remains Saint Wojciech is
located at the end of the nave
in Gniezno Cathedral.

Najokazalsza warszawska rezydencja znajduje się w Wilanowie.

The most ornate Warsaw residence is situated in Wilanów.

Mazowsze i Polska Środkowa

Płasko nie znaczy nudno. Najlepszym dowodem są niezliczone dzieła literackie, muzyczne czy filmowe, które powstały pośród rozległych pól i łąk, nad leniwie toczącymi się wodami rzek, nad którymi płaczą rozłożyste mazowieckie wierzby.

Pośród mazowieckich krajobrazów czerpali natchnienie wielcy polscy romantycy: Fryderyk Chopin, Cyprian Kamil Norwid, Zygmunt Krasiński, Józef Chełmoński. Krzysztof Kamil Baczyński pisał: „Mazowsze. Piasek, Wisła i las. Mazowsze moje. Płasko, daleko – pod potokami szumiących gwiazd, pod sosen rzeką" („Mazowsze"). Na Mazowszu toczyła się akcja wielu dzieł wybitnych pisarzy: Marii Konopnickiej, Henryka Sienkiewicza, Władysława Reymonta, Stefana Żeromskiego czy Jarosława Iwaszkiewicza. W tutejszych plenerach filmy realizowali najznamienitsi reżyserzy z Andrzejem Wajdą i Krzysztofem Zanussim na czele.

W samym środku Polski i pośrodku kontynentu europejskiego rozpościerają się niemal doskonale płaskie równiny. Falujące łanami zbóż, pachnące żywicą starych puszcz i słodyczą sadów, ukwiecone łąkami, pocięte wstęgami malowniczych rzek. Pełno tu dworków, pałaców i zamkowych murów pamiętających czasy książąt mazowieckich. Drewnianych kościółków i murowanych świątyń. W samym środku zaś tkwi stolica, największe i najbardziej nieujarzmione z polskich miast.

Warszawa była niszczona niemal w każdym stuleciu. Podczas potopu, rzezi Pragi, powstania listopadowego. Za każdym razem powstawała niczym Feniks z popiołów. W czasie II wojny światowej została prawie całkowicie starta z powierzchni ziemi. I właśnie doskonałość rekonstrukcji była jednym z głównych argumentów przemawiających za wpisaniem odbudowanej niemalże od podstaw warszawskiej starówki na listę UNESCO. Warszawa jest nie tylko stolicą państwa, największym i najliczniejszym miastem, głównym ośrodkiem życia politycznego, największym w kraju ośrodkiem uniwersyteckim i centrum kulturalnym kraju. To miasto teatrów, muzeów, a przede wszystkim ogrodów i parków z bajkowymi Łazienkami na czele.

Ma też nieco kontrowersyjną, ale niewątpliwie najwyższą budowlę w kraju – Pałac Kultury i Nauki (230,7 m z iglicą).

Pałac, prezent od „bratniego kraju", budzi ostatnio coraz mniej złych skojarzeń i pełni ważną funkcję w życiu miasta. Jedną z jego głównych atrakcji jest najwyższy w Polsce taras widokowy, mieszczący się na 30. piętrze, na wysokości 114 m. Chlubą miasta jest Krakowskie Przedmieście, jedna z najładniejszych ulic w Europie, zabudowana stylowymi, mieszczańskimi kamienicami, magnackimi pałacami i okazałymi kościołami. Wraz z Placem Zamkowym jest początkiem długiej, reprezentacyjnej arterii zwanej Traktem Królewskim, ciągnącej się aż do pałacu w Wilanowie, przebiegającej m.in. obok najmniejszego z ogrodów botanicznych w Polsce. Gdy Ogród Botaniczny Uniwersytetu Warszawskiego powstawał w 1818 roku, obejmował znaczną część Łazienek Królewskich, dzisiaj jedynie przylega do najpiękniejszego z warszawskich parków.

Drugim po Warszawie największym miastem regionu jest leżąca na pograniczu historycznego Mazowsza i Wielkopolski Łódź – dawniej największy w kraju ośrodek przemysłu włókienniczego, o czym wie każdy miłośnik wybitnej ekranizacji dzieła literackiego „Ziemia obiecana". Spuścizną po tamtych latach są piękne kamienice i zespoły fabryczne należące niegdyś do niemieckich i żydowskich przedsiębiorców.

Podróżując wokół Warszawy, trafimy do najsłynniejszego z polskich dworków, do Żelazowej Woli – miejsca narodzin Fryderyka Chopina, oraz do Kampinoskiego Parku Narodowego, krainy najpotężniejszych w Europie wydm śródlądowych i równocześnie jedynego na starym kontynencie parku narodowego położonego w bezpośrednim sąsiedztwie tak wielkiej aglomeracji. Niewiele dalej jest do Twierdzy Modlin z cytadelą, najdłuższą budowlą w Polsce (2800 m). W południowo-zachodnim narożniku koszar stoi Wieża Tatarska, z której rozciąga się niezwykły widok na Wisłę i wpadającą do niej Narew.

Położona na południe od stolicy Wysoczyzna Rawska jest uważana za najważniejszy rejon sadowniczy w Polsce, a okolice Grójca nazywa się największym sadem Europy. Pułtusk szczyci się najdłuższym rynkiem w Europie. Brukowany kocimi łbami plac ma 400 na 50 m. W Kucharach działa największy w Polsce, a także w Europie Środkowej ośrodek buddyjski. Ma siedzibę w klasycystycznym pałacu, a w zabytkowym parku stoją dwie stupy: Oświecenia i Cudów. Ostrołęka zasłynęła w świecie za sprawą najdłuższego na świecie rejbaka. Mierząca 103,5 m tradycyjna kurpiowska potrawa ziemniaczana znalazła się w Księdze Rekordów Guinnessa. Wykonano ją 22 września 2002 roku z ponad 600 kg ziemniaków i 210 kg mięsa. Niewielkie Wyśmierzyce nad Pilicą to najmniejsze polskie miasto – mieszka w nim 858 osób (dane z końca 2008 roku). Arboretum Szkoły Głównej Gospodarstwa Wiejskiego w Rogowie ma największą polską i jedną z większych w Europie kolekcji klonów, liczącą około 140 gatunków i odmian. W Mochowie natkniemy się zaś na niezwykłą, „oszukaną" świątynię, która z oddali wygląda niczym monumentalna, murowana budowla. Dopiero z bliska widać, że klasycystyczna fasada jest z drewna imitującego kamień.

Na Mazowszu jest też wiele oryginalnych placówek muzealnych. Muzeum Gwizdka w Gwizdałach zgromadziło około 1000 egzemplarzy, od gwizdków do czajników, przez policyjne, aż po ludowe piszczałki i ligawki. W 2004 roku w Ciechanowcu otwarto jedyne w Polsce Muzeum Pisanki, liczące ponad 1000 eksponatów z całego świata. W Warszawie zaś od ponad 40 lat istnieje Muzeum Prywatne Diabła Polskiego, uważane za drugą tego typu kolekcję etnograficzną na świecie. Ma około 2 tys. eksponatów związanych z tymi rogatymi stworzeniami: rzeźby, rysunki, grafiki, obrazy i wycinanki. Diabły z drewna, gliny, gałganów, gipsu, żelaza i szkła. Anegdoty, baśnie, piosenki, fraszki, nagrania audycji radiowych i telewizyjnych. W podwarszawskim Konstancinie-Jeziornie, w jedynym na świecie Muzeum Opowiadaczy Historii co tydzień spotykają się ludzie z różnych zakątków globu, by godzinami snuć barwne opowieści.

Mazovia and Central Poland

Flat does not necessarily mean boring. In fact, this has been readily confirmed by the countless literary, musical and cinematographic works of art which have been created here among the vast fields and meadows and on the lazily flowing rivers over which the many branched Mazovian willows weep.

The great Polish Romantics were inspired by the Mazovia landscape: Fryderyk Chopin, Cyprian Kamil Norwid, Zygmunt Krasiński, Józef Chełmoński. Krzysztof Kamil Baczyński wrote: "Mazovia. Sand, Vistula River and forest. My Mazovia. Flat, far – always beneath streams of humming stars, underneath a pine river" ('Mazovia'). Numerous literary works written by outstanding writers: Maria Konopnicka, Henryk Sienkiewicz, Władysław Reymont, Stefan Żeromski and Jarosław Iwaszkiewicz were set in Mazovia. The landscapes have been used as backgrounds and settings for films by prominent directors among them, Andrzej Wajda and Krzysztof Zanussi.

These idyllic, flat lowlands spread across the very heart of Poland, which as we all know, is the centre of the European continent. The land ripples with grain fields; it is fragrant with the scent of resin from ancient forests and the sweetness of fruit filled orchards. In the distance the flowering meadows are divided by ribbons of winding, picturesque rivers. There are manors, palaces and castle walls to remind us of the times of the Mazovian Princes and in its very centre, the capital, a city, the largest in Poland and never subjugated by any conqueror.

Warsaw has a history of war and destruction occurring in every century. During the 'Swedish Deluge' of 1656, the slaughter of the population of Praga during the November Rising 1794. By the end of WWII Warsaw had almost been completely erased from the map of Europe. Yet each time it has risen like a Phoenix from the ashes.

The quality of the reconstruction of Warsaw's Old Town was one of the reasons for entering it on the UNESCO World Heritage list. Warsaw is not only the capital but is also the largest and most populated city in the country, the most important political centre, it contains the largest university and is the cultural hub of Poland. It is the city of theatres, museums, of gardens and parks with one of the principal attractions being the outstanding Royal Łazienki Park.

It also boasts the controversial, but undoubtedly the highest building in the country – the Palace of Culture and Science (230.7 m with the spire). This palatial-gift imposed by the 'fraternal country' – the Soviet Union – has been evoking fewer bad memories of late and has started to play an important role in the life of the city. One of its main attractions is the highest viewing terrace in Poland, located on the 30th floor, at 114 m. Pride of the city is Krakowskie Przedmieście, one of the prettiest streets in Europe, with stylish town buildings, magnate palaces and lavishly decorated churches. The road begins at Castle Square at the start of the representative road called the Royal Route leading to Wilanów Palace past the smallest Botanical Garden in Poland. The University of Warsaw Botanical Garden, which was established in 1818 and took up a part of the Royal Park, today has been incorporated into this the most beautiful of Warsaw parks.

The second largest city in the region is Łódź – the former major textile industry centre in Poland as everyone who has read the book, 'Promised Land', and seen the screen adaptation knows – located on the borders of Mazovia and Wielkopolska. Palatial town houses and tenement buildings and grand factory edifices once owned by German and Jewish entrepreneurs are part of the heritage of those days.

Visitors to the region around Warsaw will discover, amongst many other places of interest, Żelazowa Wola – a Polish manor house and park and the birthplace of Fryderyk Chopin. The Kampinos National Park with the largest inland sand dunes in Europe is the only national park in Europe located in such close proximity to a major agglomeration, Warsaw. A little further is Modlin Fortress with a citadel which is the longest building in Poland (2,800 m). The Tartar Tower is located in the south-west corner of the fortress and has an extraordinary panorama of the Vistula River and its tributary, the Narew.

The Rawa Heights situated south of Warsaw is considered to be the most important area of orchards in Poland with

Grójec the largest apple orchard centre in Europe. Pułtusk is famous for the longest market in Europe. The paved square is 400 by 50 m. The largest Buddhist centre in Poland and central Europe is located in Kuchary. It is centred around a Classicist palace where you will find two stupas, Enlightenment and Miracles, which are located in the historical park. Ostrołęka is world-famous for the longest *rejbak* in the world. This 103.5 m traditional Kurpie potato dish made it to the Guinness Book of records. The *rejbak* was made on 22nd September 2002 from over 600 kg of potatoes and 210 kg meat. Wyśmierzyce on the Pilica River is the smallest town in Poland with only 858 inhabitants (at the end of 2008). The Arboretum of the Warsaw University of Life Sciences in Rogów has the largest maple tree collection (140 species) in Poland which is also one of the largest in Europe. In Mochowo, you will find an unusual fake church building which from a distance looks like a monumental brick building. From close up the Classicist façade is seen to be made of wood imitating brick.

Mazovia is abundant in museums. The Whistle Museum in Gwizdały has collected approximately 1,000 of them, from cattle whistles, police whistles to folk pipes and *ligawka*. The only Easter Egg Museum in Poland was opened in 2004 in Ciechanowiec. It has over 1,000 exhibits from the entire world. The Polish Devil Museum has been in existence in Warsaw for over 40 years. It is considered the second collection of this kind in the world. It has around 2,000 exhibits of horned devils: sculptures, drawings, graphics, paintings and cut-outs. Look out for the wooden, clay, rug, gypsum, iron and glass devils! And enjoy some of the anecdotes, fairytales, songs, epigrams, radio and TV auditions. Konstancin-Jeziorna, near Warsaw, has the only Storytellers Museum in the world. Every week it brings together people from all over the world who recount their stories for many hours.

Kampinoski Park Narodowy
to wyjątkowe połączenie lasów
(głównie sosnowych), wydm
i bagien.

Kampinoski National Park is
a unique combination of forest
(predominantly pine), sand
dunes and swamps.

Zespół Pałacowy w Radziejo-
wicach obejmuje pałac, zame-
czek oraz szlachecki dwór (na
zdjęciu).

The Palace Complex in
Radziejowice is comprised of
the palace, a small castle and
a gentry manor house (detail
in the photo).

Rzeka Rawka w Bolimowskim Parku Krajobrazowym to jeden z najpiękniejszych szlaków kajakowych na Mazowszu.

Rawka River in the Bolimowski Landscape Park is one of the most beautiful kayaking routes in Mazovia.

Kościół św. Rocha w Brochowie (w nim ochrzczono Fryderyka Chopina) jest rzadkim przykładem obronnej architektury sakralnej.

Saint Roch's Church in Brochów (where Fryderyk Chopin was baptised) is a rare example of defensive sacral architecture.

Zamek książąt mazowieckich w Czersku miał trzy wieże. Najwyższa z nich – południowa – pełniła funkcję lochu, dlatego nazywa się ją też wieżą więzienną.

The Mazovian Dukes castle in Czersk had three towers. The highest – the southern one – was a dungeon called the Prison Tower.

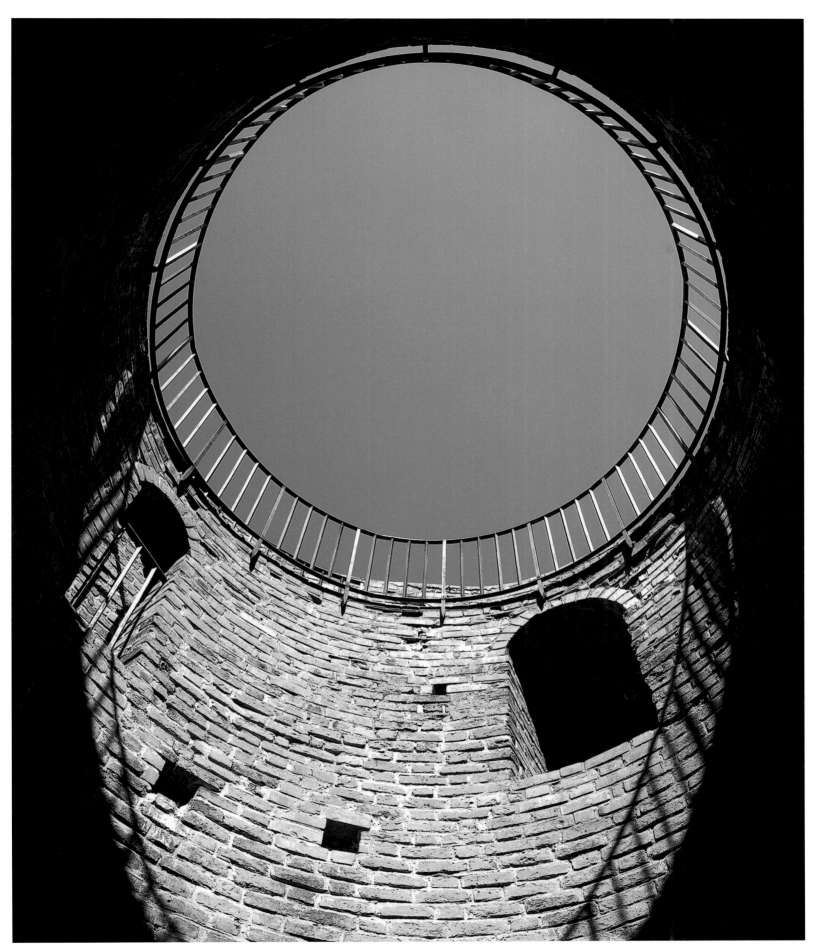

Kutno trudno nazwać turystyczną perłą Polski, ale i tu można znaleźć obiekty warte obejrzenia.

Kutno might not be a Polish pearl for tourists but some note-worthy sites can be found here.

Płaska powierzchnia i żyzne gleby centralnej Polski sprzyjają rolnictwu i sadownictwu.

The flat land and fertile soil of central Poland favours agriculture and fruit-growing.

W Myszyńcu kurpiowskie
tradycje są wciąż żywe.

Kurpie traditions are still alive
in Myszyniec.

Wielkim Polakiem związanym z Mazowszem jest Jan Kochanowski. Mieszkał i tworzył w Czarnolesie, w którym dzisiaj znajduje się poświęcone mu muzeum.

Jan Kochanowski was a great Polish Renaissance poet from Masovia. He lived and worked in Czarnolas where a museum devoted to him has been opened.

Miłośnicy starych samochodów bezwzględnie powinni odwiedzić Muzeum Motoryzacji i Techniki w podwarszawskich Otrębusach.

Vintage car enthusiasts should definitely visit the Motor and Technology Museum in Otrębusy near Warsaw.

Drzwi Płockie, wiszące w katedrze, to wykonana z brązu, dwutonowa, wierna kopia oryginalnych drzwi znajdujących się w Nowogrodzie Wielkim.

The Płock Door, hanging in the Cathedral, is a two-ton bronze copy of the original door from Nowogród Wielki.

Przed głównym wejściem do Zamku Królewskiego w Warszawie na turystów czekają dorożki. Chętnych obwiozą po Starówce.

The main entrance to the Royal Castle in Warsaw. A horse drawn carriage waits for tourists to take them for a tour of the Old Town.

Walewice słyną z pałacu klasycystycznego, Marii Walewskiej i stadniny koni.

Walewice is well known for its Classicist Palace, Maria Walewska and stables.

Na skraju Puszczy Kampino-
skiej, w Żelazowej Woli stoi
najsłynniejszy polski dworek.

The most famous Polish manor
is located in Żelazowa Wola
on the edges of the Kampinos
Forest.

Zamek Książ najokazalej prezentuje się oglądany ze Skały Olbrzyma.

The mighty Książ Castle as seen from the Giant's Rock.

Śląsk i Sudety

Są cztery Śląski: Dolny, Górny, Cieszyński i Opolski. Tutaj bardziej niż gdziekolwiek indziej czuć, że Polska to nie tylko kościoły i miejsca pamięci. Oprócz imponującej liczby okazałych zamków i pałaców, z których wiele odzyskało dawną świetność, na uwagę zasługują... szyby, kopalnie i zakłady produkcyjne.

Gospodarcza przeszłość najbardziej zurbanizowanego i uprzemysłowionego regionu Polski z wolna staje się jego turystycznym atutem. Otwarto tu jedyny w kraju Szlak Zabytków Techniki. Obecnie liczy już 32 obiekty: od Radiostacji Gliwickiej, czyli masztu antenowego z 1935 roku, który jest najwyższą na świecie budowlą z drewna modrzewiowego (111 m), po zabytkową kopalnię węgla kamiennego Guido w Zabrzu i Sztolnię Czarnego Pstrąga w Tarnowskich Górach, którą zwiedza się łodzią, czy Muzeum Górnictwa i Hutnictwa z Podziemną Trasą Turystyczną Kopalnia Złota, gdzie w jednej ze sztolni można obejrzeć jedyny w Polsce znany podziemny wodospad. Tutaj nawet uzdrowiska znajdują się pod ziemią, jak jedyne w Polsce inhalatorium radonowe w dawnej kopalni uranu w Kowarach. Śląsk nazywa się „polskim Klondike", bo to najbardziej złotonośna kraina naszego kraju. Złoto wydobywa się zarówno z głębi ziemi w zagłębiu miedziowym, jak i wypłukuje z dna śląskich rzek. A historię miejscowej gorączki złota można poznać w Złotoryi w Muzeum Złota oraz zwiedzając kopalnię złota Aurelia.

Pełne niezwykłości są Sudety. W Parku Krajobrazowym Gór Sowich odkryto najstarsze skały liczące około 4,5 mld lat. Góry Stołowe są najbardziej płaskimi górami Polski, a po ich stokach wije się najbardziej kręta Droga Stu Zakrętów, wybudowana w latach 1867-1870 przez Niemców, o długości 23 km. Sudety są też największym i najstarszym zagłębiem uzdrowiskowym, na które składa się 10 zdrojów i kilkadziesiąt ujęć wód mineralnych. Karkonosze biją rekordy pogodowe. Wystawione na działanie wilgotnego powietrza nadciągającego znad Atlantyku uchodzą za najbardziej mglisty region Polski. Na Śnieżce średnia liczba dni z mgłą w ciągu roku to 296, a rekord padł w 1974 roku – 338 dni. W masywie Śnieżnika woda wydrążyła zaś prawdziwy podziemny ogród – Jaskinię Niedźwiedzią o najpiękniejszej i najbogatszej szacie naciekowej w kraju.

Wśród przyrodniczych niezwykłości zadziwia fakt, że to właśnie na terenie Śląska znajdują się największy polski park krajobrazowy – Dolina Baryczy – oraz największy rezerwat przyrody chroniący Stawy Milickie, jeden z cenniejszych obszarów ornitologicznych nie tylko w kraju, ale całej Europie. To największe skupisko stawów hodowlanych na Starym Kontynencie zajmuje powierzchnię 8 tys. ha i składa się z 285 stawów o powierzchni przekraczającej 2 ha. Pierwsze z nich zakładali cystersi już w XII wieku.

W Henrykowie Lubańskim rośnie drzewo starsze od samej Polski. Tutejszy cis pospolity jest mocno doświadczony przez ciążące na nim wieki, ale ciągle żywy. Ma około 1250 lat, 13 m wysokości i obwód pnia 512 cm. Prawdziwą osobliwością jest jedyna w Europie piaszczysta pustynia, a właściwie jej resztki, bo ze 150 km² na skutek zarastania skurczyła się do 32 km². Jest też najwyższy polski wulkan Ostrzyca Proboszczowska. Przestał dymić jakieś 4 mln lat temu, ale jego regularny stożek góruje ponad 200 m nad okolicą.

Położony na wyspach Wrocław, stolica Dolnego Śląska i najdynamiczniej rozwijająca się metropolia Polski, nazywany bywa miastem stu mostów. Choć w rzeczywistości ma ich „tylko" 88, to i tak jest polskim rekordzistą. Ma też największe w kraju zoo, jedyny w swoim rodzaju obraz – Panoramę Racławicką o wymiarach 120 na 15 m, oraz największą ze starych hal widowiskowych – Wrocławską Halę Stulecia, której wkrótce stuknie setka. Kiedy ją budowano w 1912 roku, była największą na świecie budowlą z żelbetonu. Archikatedra św. Jana Chrzciciela mieści zaś największe organy w Polsce o 151 głosach, złożone z jednego instrumentu.

W Karpaczu znajduje się najwyżej położona ulica w Polsce. Nazywa się Na Śnieżkę, wiedzie niemal na sam szczyt Śnieżki i pokonuje 768 m różnicy wysokości. U stóp Karkonoszy znajdziemy kawałek Norwegii, skąd przeniesiono drewniany kościół Wang z początku XIII wieku. A w Mysłakowicach zachowało się ponad 50 XIX-wiecznych domów tyrolskich, z czasów, kiedy ich mieszkańcy zostali wypędzeni z ich własnego kraju za wiarę. Architektonicznych osobliwości na Śląsku jest znacznie więcej. W Cieszynie na Wzgórzu Zamkowym wznosi się chyba najczęściej oglądany zabytek Polski. Co ciekawe, żeby go zobaczyć, wcale nie trzeba wspinać się na górę ani w ogóle jechać do Cieszyna, wystarczy sięgnąć do portfela. XI-wieczna rotunda św. Mikołaja widnieje bowiem na rewersie dwudziestozłotówki.

Kudowa-Zdrój słynie z makabrycznej kaplicy (jedyna w Polsce i jedna z trzech w Europie), której wnętrze wyłożone jest 24 tys. ludzkich czaszek i piszczeli. Przeciwwagą dla powagi świętego przybytku jest jedyne w kraju Muzeum Żaby. Lubiąż szczyci się największym klasztorem w Polsce. Jego fasada, łącząca budynki klasztorne, ma 223 m długości. W Sośnicy pielgrzymi wspinają się z pokorą, na kolanach po jedynych świętych schodach. W 28 stopni z jasnego marmuru wmurowano relikwie świętych. Kościół Pokoju w Świdnicy uchodzi zaś za największą drewnianą świątynię w Europie. Trochę niesłusznie, bo w rzeczywistości drewniana jest tylko konstrukcja. Jej wnętrze przypomina teatr.

By na powierzchni niespełna 1100 m² mogło się pomieścić 7,5 tys. wiernych (z czego 3 tys. na miejscach siedzących), zbudowano empory, wielopiętrowe łoże.

Nie można też zapomnieć o Częstochowie i Jasnej Górze z największym w Polsce ośrodkiem kultu religijnego. Każdego roku przybywa tu ponad 4 mln pielgrzymów.

Wśród śląskich rekordzistów znajdują się też: największa polska wieś – Kozy – zamieszkiwana przez 11 920 osób (dla porównania najmniejsze polskie miasto liczy zaledwie 858 mieszkańców – dane z 31 grudnia 2008 roku); największy park miejski w Chorzowie; oryginalna, bo zbudowana na planie trójkąta średniowieczna twierdza w miejscowości Uraz; najbogatsza europejska kolekcja żelazek w Ziębicach; największy obóz zagłady w Oświęcimiu czy Muzeum Najmniejszych Książek Świata Ręcznie Pisanych w Katowicach z książeczką o wymiarach 0,8 x 1 mm, która w 1976 roku trafiła do Księgi Rekordów Guinnessa. Nie starczyłoby czasu i stron, by tylko wymienić, a co dopiero opisać wszystkie śląskie dziwy i turystyczne rarytasy.

Silesia and the Sudetes Mountains

There are four Silesias: the Upper, Lower, Cieszyn Silesia and Opole Silesia. Here, more than anywhere else in the country you will sense that Poland is not just churches and places of historical recollection. In addition to an impressive number of splendid castles and palaces, many of which have been restored to their former glory, other note-worthy sites include... collieries and production plants.

The economic past of the most urbanized and industrialised region of Poland is gradually acquiring a touristic value. The only Historic Monuments to Technology Trail in Poland has been opened in the region. At present it has 32 places of interest: from the radio station in Gliwice, an antenna mast dating back to 1935, which is the highest building (111 m) in Poland made from larch wood, the historical Anthracite (hard coal) mine Guido in Zabrze and the Black Trout Galleries in Tarnowskie Góry, visited by boat, to the Mining and Metallurgy Museum with the Underground Gold Mine Tourist Trail, where in one of the tunnels you can see the only underground waterfall in Poland. Here even health resorts are located underground such as the only radon inhalatorium in Poland in the former uranium mine in Kowary. Silesia is called the 'Polish Klondike', because it is the most gold-bearing region in our country. Gold is extracted from an underground copper deposit and from the waters of Silesian rivers. The history of the local gold rush can be experienced in Złotoryja in the Gold Museum and by visiting the Aurelia gold mine.

The Sudetes Mountains contain many atypical sites. The oldest rocks, approximately 4.5 billion years, were discovered in the Owl Mountains Landscape Park. The Table Mountains are the flattest mountains in Poland with the most winding road – the 23-km long, '100 Turns Road' – built in 1867-1870 by the Germans. The Sudetes are also the largest and oldest health resort 'basin' comprising of 10 spas and dozens of mineral water springs. Kowary in the Karkonosze Mountains is known for its climactic records. The mountains are influenced by the humid Atlantic air and the region is considered the foggiest in Poland. The average number of foggy days on Śnieżka Mountain is 296 per year and a record was set in 1974 – 338 days. The Bear Cave – an 'underground garden' has been created by the infiltration of water in the Śnieżnik Massif and is 'clothed' with the most beautiful and varied layers of stalagmites and stalactites to be found in any cave in Poland.

One of the most surprising natural particularities is that Poland's largest landscape park – Barycza River Valley and the largest nature reserve protecting the Milickie Lakes, one of the most valued ornithological areas not only in the country but also in Europe – are located in Silesia. The largest collection of fishing ponds in Europe covers an area of 8,000 ha and comprises 285 ponds with a total surface of over 2 ha. The first ponds were established by the Cistercians in the 12th century.

A tree older than Poland grows in Henryków Lubański. The yew-tree may be heavily burdened by centuries of time but it is still alive. It is approximately 1,250 years old, 13 m high and is 512 cm in circumference. Poland has the only desert (a curiosity) in Europe, or actually the remaining sand, because as a result of forestation it has shrunk from 150 km^2 to 32 km^2. The highest Polish volcano, Ostrzyca Proboszczowska, is also located in Silesia. It stopped belching ash and magma about 4 million years ago but its distinctive cone shape still rises 200 m over its surroundings.

Wrocław, the capital of Lower Silesia, situated on islands, is the most dynamically developing metropolis in Poland and is called the 'city of 100 bridges'. In reality there are 'only' 88 but this still makes Wrocław a record-holder in the number of bridges. This city also possesses the largest zoo in Poland and a unique painting – the Racławice Panorama – which is 120 m by 15 m in size. It also has the largest performance hall in Poland – the Wrocław Centenary Hall – which will soon be one hundred years old. When it was built in 1912, it was the largest reinforced concrete building in the world.

The Cathedral of Saint John the Baptist contains the largest church organ (151 pipes) made as one instrument in Poland.

The highest located street in Poland can be found in Karpacz. It is called 'To Śnieżka' and leads almost to Śnieżka's peak and covers a difference in altitude of over 768 m. A piece of Norway can be found in the foothills of the Karkonosze Mountains, to where a wooden Wang Church from the beginning of the 13th century was moved from Norway. Over 50 19th-century Tyrolese houses from the times when their inhabitants were banished from their country for religious reasons have remained in Mysłakowice. There are many more architectural particularities in Silesia. Probably the most often seen historical site in Poland is located on Castle Hill in Cieszyn. What is interesting, you do not need to climb a mountain or go to Cieszyn, in fact, it is enough to reach into your wallet. The 11th-century Saint Nicholas Rotunda is printed on the reverse side of a twenty-zloty note.

Kudowa-Zdrój is famous for a macabre chapel (the only in Poland and one of three in Europe) whose interior is inlaid with 24,000 human skulls and tibia. As a counterbalance to the gravity of this 'sacrosanct' place there is the Frog Museum in Poland. Lubiąż boasts the largest monastery in Poland. Its façade joining the monastery buildings is 223 m long. Humble pilgrims on their knees climb the only sacred steps in Sośnica. The relics of saints have been built into the 28 steps which are made from light marble. The Peace Church in Świdnica is considered to be the largest wooden church in Europe. This is not quite true as in reality only its construction is made of wood. Its interior is quite theatrical in its layout. In order to make it possible for the 7,500 faithful to squeeze into less than 1,100 m² (this includes 3,000 sitting places) matronea and multi-level boxes have been built.

We should not forget Czestochowa and Jasna Góra, the largest religious centre in Poland. Over 4 million pilgrims visit the monastery every year.

Other Silesian places of interest and which hold a record are: the largest village in Poland – Kozy – inhabited by 11,920 people (in comparison the smallest town in Poland has only 858 residents – figures from December 31st, 2008); the largest municipal park in Chorzów; an original Medieval fortress in Uraz built to a triangular plan; Europe's largest collection of irons in Ziębice; the concentration camp in Auschwitz, and the Museum of the World's Smallest Handwritten Books including a 0.8x1 mm book which in 1976 was listed in the Guinness Book of Records. Our book, unfortunately, does not contain enough pages to list, even describe, all the interesting and out of the ordinary places in Silesia that await visitors to the region.

Śnieżka (1602 m n.p.m.) jest najwyższym szczytem Karkonoszy, Śląska, ale także Czech.

Śnieżka (1602 m a.s.l.) is the highest peak in the Karkonosze Mountains which stretch across Silesia and the Czech Republic.

Z krawędzi Kotła Małego Stawu widać słynne schronisko Samotnia oraz Śnieżkę.

The Samotnia lodge and Śnieżka are visible from the slopes surrounding the Mały Staw Lake.

Stawy Milickie o świcie spowijają mgliste opary.

The Milickie Lakes in the mist at dusk.

Ślęża nazywana jest czasem
Śląskim Olimpem.

Ślęża is called the Olympus
of Silesia.

We wnętrzach krobielowickie-
go, renesansowo-barokowego
pałacu mieszczą się dziś hotel
i restauracja.

The Renaissance-Baroque
palace in Krobielowice today
houses a hotel and restaurant.

Największe opactwo cystersów na świecie znajduje się w Lubiążu.

The largest Cistercian monastery in the world is located in Lubiąż.

Wysoko ponad doliną Kwisy wznosi się imponująca sylwetka zamku Czocha.

The impressive Czocha Castle towers over the Kwisa River Valley.

Zamek w Będzinie zachwyca staranną rekonstrukcją i doskonałą kondycją.

Będzin Castle. The castle, meticulously reconstructed and in an excellent state, stands in an impressive site.

Wejścia do zamku Grodno
w Zagórzu Śląskim strzegą lwy
wykonane techniką sgraffito.

The entrance to Grodno Castle
in Zagórze Śląskie is guarded
by lions created by the
sgrafitto technique.

Wrocław jest nie tylko stolicą
Dolnego Śląska i czwartym co
do wielkości miastem Polski,
ale też symbolem współczes-
nego sukcesu.

Wrocław is not only the capital
of Lower Silesia and the fourth
largest city in Poland but
also a symbol of modern day
success.

Na Górze Świętej Anny wznosi
się sanktuarium ze słynącą
z cudów figurką św. Anny
Samotrzeciej.

The sanctuary with the Anna
Samotrzecia figure famous for
miracles can be found on Saint
Anna's Mountain.

Kościół Pokoju w Jaworze może pomieścić 6 tys. wiernych.

The Peace Church in Jawor can hold 6,000 faithful.

Szata naciekowa Jaskini Niedź-
wiedziej uchodzi za najpiękniejszą w Polsce.

The interiors of Niedźwiedzia
Cave in Poland are considered
the most beautiful in Poland.

Zabytkowa kopalnia srebra
jest dziś jedną z głównych
atrakcji turystycznych
Tarnowskich Gór.

The Historical Silver Mine is
one of the main tourist attractions of Tarnowskie Góry.

Pięknie rzeźbiona ambona we wnętrzu wambierzyckiej bazyliki.

A beautifully sculpted pulpit in the Basilica in Wambierzyce.

W labiryncie Błędnych Skał
w Górach Stołowych nie trudno zabłądzić.

It's easy to get lost in the
labyrinth of the Errant Rocks in
the Table Mountains.

Jasnogórski klasztor – najważniejsze polskie sanktuarium i symbol narodowy.

The Monastery in Jasna Góra – the most important religious sanctuary in Poland and a national symbol.

Obóz koncentracyjny Auschwitz-Birkenau znajduje się kilka kilometrów od centrum Oświęcimia – spokojnego miasteczka.

The Auchwitz-Birkenau extermination camp is located a few kilometers from the centre of the peaceful town of Oświęcim.

Wawelska katedra uchodzi za najcenniejszy obiekt sakralny na ziemiach polskich.

The Wawel Cathedral is considered the most important sacral site in Poland.

Małopolska i Karpaty

Małopolskę opisać najtrudniej, bo to najbardziej zróżnicowana kraina Polski. Nie sposób wymienić jej wszystkich bezcennych zabytków, turystycznych atrakcji czy skarbów natury. Czego tu nie spotkamy! Od płaskich niczym stół równin (jak choćby w największej z kotlin – Kotlinie Sandomierskiej), przez niezliczone Beskidy, po urwiste stoki Tatr. Od małych galicyjskich miasteczek (Lanckorona), przez renesansowe miasta-perły (Zamość), po dawne stolice Rzeczypospolitej (królewski Kraków). Są tu wielkie średniowieczne twierdze (wśród nich największa ruina zamku – Krzyżtopór w Ujeździe) i drewniane kościółki (sześć wpisano na listę UNESCO). Największe kalwarie (Zebrzydowska), najstarsze opactwa (Wąchock) i najpiękniejsze pałace (Łańcut).

Bezsprzecznie największym skarbem Małopolski jest Kraków. Już w 1978 roku został wpisany, oprócz jedenastu innych najcenniejszych obiektów na świecie, na pierwszą listę UNESCO. W 2000 roku przyznano mu natomiast status Europejskiego Miasta Kultury. Jedno z najpiękniejszych europejskich miast ma najcenniejszy w Polsce zespół zabytkowy. Starówka z zachowanym średniowiecznym układem urbanistycznym liczy ponad 6000 zabytkowych obiektów, z czego 10 najwyższej międzynarodowej klasy. Wśród nich jest kościół Mariacki z ołtarzem Wita Stwosza, jednym z największych ołtarzy średniowiecznej Europy, Wzgórze Wawelskie z katedrą i zamkiem (a w nim jedna z najcenniejszych na świecie kolekcji arrasów oraz Szczerbiec – miecz koronacyjny polskich królów) oraz Rynek Główny – największy średniowieczny rynek na starym kontynencie. Całość otaczają największe i najpiękniejsze planty w Polsce. Tutejszy Uniwersytet Jagielloński jest najstarszą polską uczelnią; istnieje od 1364 roku, choć pierwotnie nazywał się Akademią Krakowską. Uniwersytecki ogród botaniczny to najstarszy ogród w Polsce, założony w 1783 roku z inicjatywy Hugo Kołłątaja. Miłośnicy malarstwa nie powinni też ominąć Muzeum Czartoryskich ze słynną „Damą z łasiczką" Leonarda da Vinci oraz „Krajobrazem z dobrym Samarytaninem" Rembrandta.

Cała Małopolska uchodzi za najbogatszy w judaika region Polski, ale to właśnie w Krakowie znajduje się najlepiej zachowana dzielnica żydowska w Europie z zabudową z XV-XVIII wieku, pośród której do dziś tętni życie zgodne z naukami Tory. Na Krakowskim Kazimierzu stoi aż siedem dużych synagog, tworząc największy zespół domów modli-

twy w Europie, z którymi mogą się równać jedynie zabytki Pragi. Wśród nich najcenniejsza, bo najstarsza jest Stara Synagoga z XV wieku.

Ponad milion turystów rocznie odwiedza Wieliczkę znajdującą się tuż za granicami Krakowa, unikatową w skali światowej kopalnię soli, mającą ponad 700 lat. Jej sale i korytarze są niezwykłym muzeum pełnym solnych rzeźb i dekoracji z najpiękniejszą kaplicą św. Kingi. Niektóre z komnat najbogatszych w naturalne okazy kryształów soli są rezerwatem przyrody, inne zaś służą jako sanatorium, w którym leczy się schorzenia alergiczne i układu oddechowego. Podziemnych pustek, czyli jaskiń, tym razem naturalnych, nie brakuje też w podkrakowskim, najmniejszym parku narodowym – Ojcowskim. Jego największą dumą są dwa zamki (Pieskowa Skała i Ojców), szwajcarska architektura uzdrowiskowa oraz największy wapienny ostaniec (25 m), nazywany Maczugą Herkulesa.

W Karpatach największą sławę zyskało najmniejsze (powierzchniowo) pasmo – Tatry, jedyne polskie góry o alpejskim charakterze. Górują nad resztą kraju, zachwycając majestatem, budząc grozę i od niemal 150 lat wabiąc wędrowców. Tylko tutaj można przeżyć prawdziwą wysokogórską przygodę, choćby wspinając się na Rysy (2499 m n.p.m.) – najwyższy szczyt w Polsce, czy na Kozi Wierch (2291 m n.p.m.) – najwyższy szczyt w całości położony w granicach naszego państwa. Wśród najchętniej odwiedzanych miejsc jest Morskie Oko – największy górski staw o powierzchni 35 ha i głębokości 50,8 m, a także Dolina Pięciu Stawów Polskich z najwyżej położonym schroniskiem górskim (1670 m n.p.m.). Każdy słyszał zapewne o Wielkiej Siklawie – najwyższym z polskich wodospadów (70 m), ale znacznie mniej znani są inni rekordziści: Zadni Staw Polski, czyli najwyżej położone jezioro (1890 m n.p.m.), największa jaskinia – Wielka Śnieżna o długości około 22500 m oraz największa ściana skalna – Mięguszowiecki Szczyt Wielki o różnicy wysokości 1043 m. W Tatrach odnotowano też liczne rekordy pogodowe. Na Kasprowym Wierchu jest najwyższa średnia rocznych opadów – 1913 mm. Najbardziej mokry był rok 2001 w Dolinie Pięciu Stawów Polskich, kiedy to odnotowano 2770 mm opadów. Na Hali Gąsienicowej zaś zmierzono najwyższy w Polsce dobowy opad: 30 czerwca 1973 roku spadło 300 mm deszczu!

U stóp najpiękniejszych polskich gór leży najwyżej położone miasto – Zakopane (800-1000 m n.p.m.). Często nazywa się je zimową stolicą Polski. Zupełnym przeciwieństwem Tatr są Bieszczady – najdziksze góry w kraju, unikatowe na skalę europejską „żywe muzeum natury", ziemia obiecana dla wędrowców, azyl dla rozbitków życiowych i raj dla poszukiwaczy przygód.

Malowniczy zamek Dunajec w Niedzicy leży nad najmłodszym (z 1997 roku) polskim sztucznym zbiornikiem. Zbiornik o największej pojemności (Solina – 474 hm³) powstał po wzniesieniu na Sanie największej betonowej zapory; ma ona 82 m wysokości i 664 m długości. Najgłębszy przełom rzeczny można oglądać z tratwy, podczas spływu Dunajcem w Pieninach. Stolicą dobrego humoru ogłosił się Wąchock.

Choć jego największą chlubą jest nie sołtys, lecz opactwo cystersów, najlepiej zachowany obiekt romański w Polsce.

Łańcut ma największą kolekcję powozów, Szczebrzeszyn – najsłynniejszego polskiego owada, Kurozwęki – jedyne w Polsce hodowlane stado bizonów amerykańskich, Krosno – największy zbiór lamp naftowych, a Jasło – najstarszy szyb naftowy. W Nowym Wiśniczu wciąż dumnie stoi największa w Polsce zachowana rezydencja barokowa. Kaplica zamkowa w Lublinie może się zaś poszczycić najcenniejszymi freskami rusko-bizantyjskimi z końca XIV wieku. Najstarsze polskie góry – Świętokrzyskie – słyną z największych, jeśli wierzyć legendom i podaniom, sabatów czarownic. Zresztą wiedźma lecąca na miotle jest symbolem tych gór. Na terenie województwa świętokrzyskiego odkryto też najstarsze ślady górnictwa w Polsce. Już w epoce neolitu krzemienie wydobywano w okolicy dzisiejszych Krzemionek Opatowskich. A najstarszy szyb kopalni żelaza pochodzi z czasów Cesarstwa Rzymskiego.

Ukoronowaniem rekordowych osiągnięć Małopolski jest Rabka-Zdrój oraz jej niezwykłe Muzeum Rekordów i Osobliwości, pełne najdziwniejszych i najbardziej zadziwiających eksponatów. Można znaleźć wśród nich: najmniejszy rower świata, największą bombkę na choinkę (średnica 33 cm, obwód 1 m), najstarszą zachowaną w Polsce kulę bilardową z 1840 roku, najmniejszą galerię świata (1000 obrazów w jednym) czy najdłuższy hymn kościelny (1051 zwrotek).

Małopolska and the Carpathian Mountains

The Małopolska region is probably the most difficult to portray as it is the province in Poland with the most diversified natural and man-made attractions. It is practically impossible to enumerate all its important historic sites, places of interest for tourist and natural treasures in this book. So, the question is: What will we see here? In fact, there is much to see. From the lowlands as flat as a table top (as in the largest valley – the Sandomierz Valley), across the Beskid Mountains, to the precipitous cliffs in the Tatra Mountains. Then in contrast, a small Galician town, Lanckorona, onto a pearl of the Renaissance, Zamość, to finish in the former capital of the Republic of Poland, royal Kraków. Here stand grand medieval fortresses (among them the impressive ruins of the Krzyżtopór castle in Ujazd) and tiny wooden churches, six of them on the UNESCO World Heritage List. The largest Calvaria (a religious sanctuary), Zebrzydowska, also on the UNESCO World Heritage List, and then the oldest abbey, Wąchock and the most beautiful palace, Łańcut; Małopolska is rich and there is yet more to discover.

Without a doubt the greatest treasure of the Małopolska region is Kraków. In 1978 it was one of the twelve most important sites in the world on the first UNESCO World Heritage List. In 2000 it was European City of Culture. Krakow, as one of the most beautiful European cities can boast the most important historical centre in Poland. The Old Town with its medieval urban plan has over 6,000 historical sites, including 10 of which rank amongst the highest acknowledged internationally. These include the Mariacki Church with the Wit Stwosz Altar, one of the largest altars in medieval Europe, Wawel Hill, the cathedral and castle containing one of the most prized *arras* (tapestries) collections in the world and Szczerbiec – the coronation sword of Polish kings. The Main Market Square – the largest medieval market in Europe is situated close to Wawel Hill. The Old Town is surrounded by the very scenic *Planty* (a park and green belt). The Jagiellonian University is the oldest school of higher learning in Poland; established in 1364, and was originally called the Kraków Academy. The University Botanical Garden is one of the first of its kind in Poland, established in 1783 at the initiative of Hugo Kołłątaj. Enthusiasts of works of art should not miss the Czartoryski Museum with the, 'Lady with an Ermine', by Leonardo da Vinci and, 'The Landscape with the Good Samaritan', by Rembrandt.

Małopolska is considered to be the region richest in Judaica and Kraków has the most important and revived Jewish *quartier* in Europe with its 15th-18th century buildings and where customs following the precepts of the Torah can be experienced. There are seven synagogues in the Kazimierz district of Kraków which makes it the largest grouping of prayer houses in Europe comparable only to the historical sites of Prague. The most important Jewish historical building in Kraków is the Old Synagogue dating back to the 15th century.

Over a million tourists each year visit the salt mine in Wieliczka which is located in the Kraków metropolitan area. The mine is unique on a world scale with an over 700 year old tradition of mining salt. Its vast halls and passageways are an unrivalled museum filled with salt sculptures, decorations and the most impressive, the Saint Kinga Chapel.

Some of the chambers, those richest in salt crystals, are protected, natural reserves; others are used as sanatoriums where allergies and respiratory ailments are treated. Underground *pustki*, natural caves, are also numerous in the smallest national park in Poland – Ojców near Kraków. The park is well known for its two castles (Pieskowa Skała and Ojców), its Swiss health resort-style architecture and the largest limestone monadnock (a 25 m high inselberg, an isolated rock) called Hercules Club.

The Carpathian Mountain range is distinguished by its Tatra Mountains. They are small in terms of surface area and are the only mountains with an Alpine character in Poland. They crown the rest of the country around them with their majesty, evoking admiration and have been tempting hikers from almost 150 years. This part of Poland can be an experience in genuine high-mountain climbing exploits such as taking on Rysy (2,499 m a.s.l.) – the highest summit in Poland and Kozi Wierch (2,291 m a.s.l.) – the highest summit located completely within the borders of Poland. The other most frequently visited spots include Morskie Oko – a mountain lake with a surface of 35 ha and depth of 50.8 m, the Polish Five Lakes Valley with the highest located lodge (1,670 m a.s.l.). Many people have heard of Wielka Siklawa – the highest Polish waterfall (70 m), but less known record holders are: Zadni Staw Polski, the highest located Polish lake (1,890 m a.s.l.), the largest cave – Wielka Śnieżna 22,500 m long and the largest rock wall – Mięguszowiecki Szczyt Wielki with a difference in its elevation of 1,043 m. Numerous climatic records have also been noted in the Tatras. Kasprowy Wierch has the highest annual average rainfall – 1,913 mm. The year 2001 was the wettest in the Polish Five Lakes Valley when rainfall of 2,770 mm was noted. The maximum rainfall per 24h was noted in Hala Gąsienicowa on the 30th June 1973 with 300 mm of rain!

The Polish town located at the highest altitude – Zakopane (800-1,000 m a.s.l.) is situated in the foothills of the Tatra Mountains. It is often called the winter capital of Poland. The Bieszczady Mountains are the complete opposite of the Tatras. They are the wildest mountains in the country, unique on a European scale, 'a living natural museum', the Promised Land for hikers, a refuge for out of the ordinary characters and a paradise for adventure-seekers.

The picturesque Dunajec castle in Niedzica is located on the most recently created (1997) water reservoir in Poland. The reservoir with the largest volume (Solina – 474 hm³) was formed following the building of a dam, the largest in Poland, on the San River. The dam is 82 m high and 664 m long. The deepest river gorge can be observed from a raft on the Dunajec River in the Pieniny Mountains. Wąchock is called the capital of humour. The pride of Wąchock is the Cistercian Abbey, the best preserved Roman edifice in Poland, although the town is better known for its jokes about its Mayor.

The Palace of Łańcut is proud of its large collection of carriages, Szczebrzeszyn – the most famous Polish insect, Kurozwęki – the only American bison breeding farm in Poland, Krosno – the largest collection of oil lamps and Jasło – the oldest oil mining shaft. Nowy Wiśnicz boasts the best kept Baroque residence in Poland. The castle chapel in Lublin is famous for its Rus-Byzantine frescos from the end of the 14th century. The oldest mountains in Poland – Świętokrzyskie – are known for the largest, if you believe the legends, witches Sabbaths. A witch flying on a broom is a traditional folk symbol in these mountains. The oldest traces of mining were discovered in the Świętokrzyskie Province. Flint stone was excavated from there as early as the Neolithic era in the area of today's Krzemionki Opatowskie. The oldest iron ore mine shaft dates back to the times of the Roman Empire.

Rabka-Zdrój crowns the record achievements of Małopolska with the unusual, Museum of Records and Peculiarities filled with the most bizarre and most surprising exhibits. For example: the smallest bicycle in the world, the largest Christmas Tree decoration glass bauble, (diameter 33 cm, circumference 1 m), the oldest billiard ball in Poland dating back to 1840, the smallest gallery in the world (1,000 paintings in 1) and the longest religious hymn (1,051 stanzas).

Tatry nie dorównują Alpom wielkością, ale z pewnością urodą.

The Tatra Mountains do not equal the Alps in terms of size, but definitely in terms of beauty.

Połonina Wetlińska należy do najchętniej odwiedzanych miejsc w Bieszczadach.

The Wetlina Plain is one of the most visited locations in the Bieszczady Mountains.

W Beskidach znajdziemy wiele opuszczonych cerkwi, jak ta w Kwiatoniu.

There are many abandoned Orthodox churches in the Beskidy Mountains such as this one in Kwiatoń.

Dzisiejszy kościół Opieki NMP w Owczarach powstał jako cerkiew greckokatolicka.

The church of the Holy Virgin Mary the Protector in Owczary was originally built as a Greek--Catholic Orthodox Church.

Najwyższym szczytem masywu babiogórskiego jest Diablak. Ma 1725 m n.p.m.

At 1725 m a.s.l. Diablak is the highest peak in the Babia Góra massif.

Beskidzkie Pilsko chętnie odwiedzają miłośnicy białego szaleństwa.

Pilsko in the Beskidy Mountains is eagerly visited by skiing enthusiasts.

Spływ Dunajcem to bez
wątpienia największa atrakcja
turystyczna Pienin.

Rafting on the Dunajec River
is undoubtedly the biggest
tourist attraction in the Pieniny
Mountains.

Muzeum Wsi Kieleckiej (Tokarnia) składa się z 30 zabytkowych obiektów przywiezionych z całego regionu.

The Kielce Region Museum (Tokarnia) contains 30 exhibits of historical value collected in the region.

W Zalipiu wszystko maluje się w kwiatki, od domów po zabawki.

Everything, from houses to toys, is painted with flowers in Zalipie.

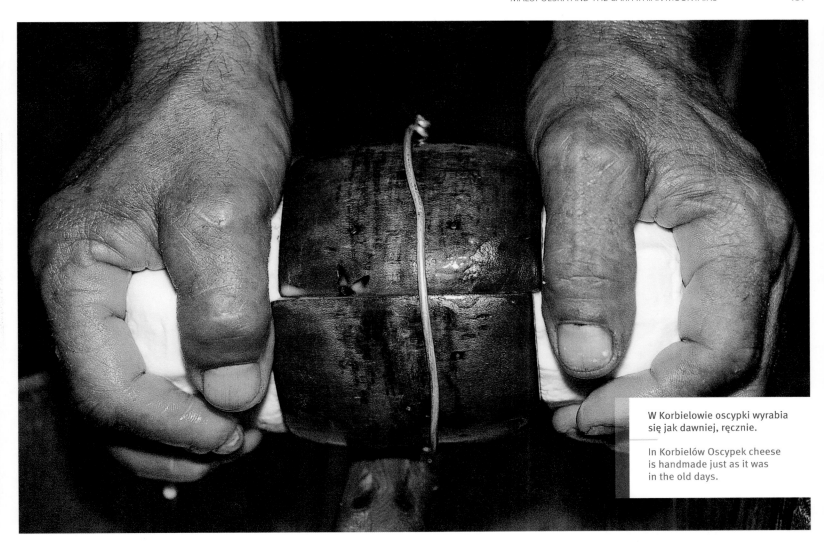

W Korbielowie oscypki wyrabia się jak dawniej, ręcznie.

In Korbielów Oscypek cheese is handmade just as it was in the old days.

Koniaków słynie z tradycyjnych koronek.

Koniaków is famous for its traditional lace.

Rydlówka w krakowskich Bronowicach to gotowa scenografia do „Wesela" Wyspiańskiego.

Rydlówka in Bronowice in Kraków is a ready-made stage setting for Wyspiański's, 'The Wedding'.

Ulica Floriańska – główny deptak krakowskiej Starówki.

Floriańska Street – the main promenade in Kraków Old Town.

Magnum Sal znaczy Wielka Sól, czyli Wieliczka. Na zdjęciu: kaplica św. Kingi, najpiękniejsza w kopalni.

Magnum Sal means Great Salt or Wieliczka. In the photo: Saint Kinga's Chapel, the most beautiful part of the mine.

Krosno pod wieczór – atmosferę miasteczka najłatwiej poczuć na rynku.

Krosno by night – the ambiance of the town is best experienced in the main market square.

W stolicy dobrego humoru, Wąchocku, znajduje się najstarszy polski klasztor cystersów.

The oldest Cistercian monastery in Poland is located in Wąchock, the capital of humour.

W Kalwarii Zebrzydowskiej odbywa się najsłynniejsze Misterium Męki Pańskiej.

An enactment of the Passion Play takes place in Kalwaria Zebrzydowska.

Nieopodal Krakowa stoi Mały Wawel, jak czasem nazywa się zamek w Pieskowej Skale.

The Small Wawel, as the castle in Pieskowa Skała is sometimes called, is located near Kraków.

Iwonicz-Zdrój wyróżnia prze-
piękna drewniana architektura
uzdrowiskowa.

Iwonicz-Zdrój is distinguished
by its beautiful Jewish wooden
architecture

Oblegany w weekendy Kazimierz Dolny zasłużył na miano wiosennej stolicy Polski.

Kazimierz Dolny which is a busy place during weekends deserves its name of spring capital of Poland.

Bystrza rzeczne są tak częstym zjawiskiem na roztoczańskich rzekach, że doczekały się regionalnych nazw: szumy i szypoty.

River riffles are so common in Roztocze that they have earned their own local names: 'szumy' and 'szypoty'.

O renesansowym Zamościu
mówi się, że to miasto idealne.
Zostało stworzone na surowym
korzeniu (od podstaw) przez
hetmana Jana Zamoyskiego.

It is said about the Renaissance town of Zamość that
it is the ideal place to live.
Nothing existed here before
Hetman Jan Zamoyski established the town.